4 सप्ताह में वजन घटाएं

क्या खाएं कि सुन्दर लगें

नमिता जैन

डायमंड बुक्स

प्रकाशक : डायमंड पॉकेट बुक्स (प्रा.) लि.
X-30 ओखला इंडस्ट्रियल एरिया, फेज-II
नई दिल्ली-110020
फोन : 011-40712200
ई-मेल : wecare@diamondbooks.in
वेबसाइट : www.diamondbooks.in
संस्करण : 2025
अनुवाद : रचना भोला 'यामिनी'

CHAR SAPTAH MEN VAJAN GHATAYEN

BY : Namita Jain

भूमिका

नमिता जैन वैलनेस उद्योग का एक जाना-पहचाना नाम है। वे फिटनेस संबंधी विभिन्न अनुशासनों में प्रतिष्ठित अंतर्राष्ट्रीय प्रमाण-पत्र पा चुकी हैं तथा बीस वर्षों से भी अधिक समय से वैलनेस स्पेस में, सक्रिय रूप से कार्यरत हैं। वे हजारों छात्रों को फिट रहने के लिए संपूर्ण मार्गदर्शन व शिक्षण दे चुकी हैं। वे मुंबई के बांबे अस्पताल में क्लीनिकल फिटनेस स्पेशलिस्ट होने के नाते विशेष जरूरतों वाले रोगियों के लिए ट्रेनिंग कार्यक्रम तैयार करती हैं, प्रशिक्षकों को प्रशिक्षित करती हैं तथा विशेष कक्षाएं आयोजित करती हैं। वे विविध समाचार-पत्रों व पत्रिकाओं में पोषण, व्यायाम व दूसरे स्वास्थ्य संबंधी विषयों पर आलेख देती रहती हैं।

आप उनसे उनकी वेबसाइट पर संपर्क कर सकते हैं :
www.liveactive.com व www.jaldifit.com

आभार

यह पुस्तक मेरी पूरी टीम के सम्मिलित प्रयासों का फल है।

मैं फिल्म स्टार दीपिका पादुकोण को धन्यवाद देती हूं, जिन्होंने पुस्तक के शीर्षक के लिए चंद शब्द कहे। वे एक स्वस्थ, फिट व सक्रिय जीवनशैली के लिए किसी रोलमॉडल से कम नहीं हैं।

मैं अपनी संपादिका व रचनात्मक परामर्शदात्री माधुरी अय्यर को उनके सहयोग के लिए धन्यवाद देना चाहूंगी।

उन्होंने टाइटल व फारमेट के अलावा केस स्टडीज में भी सहयोग दिया।

मैं गीता गोपालकृष्णन की भी आभारी हूं, जिन्होंने अपने विस्तृत अनुभव के बल पर पुस्तक के अंतिम प्रारूप को सफल बनाया।

साथ ही मेरे परिवार व मित्रों को भी उनके निरंतर सहयोग व समर्थन के लिए ढेरों धन्यवाद!

प्रस्तावना

मुझसे पूछें, मेरा वजन भी अधिक था....

फूली हुई, मोटी, चब्बी, फैटी। नाम चाहे कोई भी हो, हममें से तकरीबन जानते हैं कि शरीर भारी होने पर, यह सब सुनना कैसा लगता है। मैं अपने अनुभव से कह सकती हूं कि सचमुच वजन घटाना कितना दुष्कर हो सकता है। मैं स्वयं वजन कम करने की कोशिशों व तकलीफों से जूझ चुकी हूं। मैंने भी आत्मसंदेह, हाई, लो व कभी-कभी मायूसी को भी महसूस किया है।

पर मेरे भीतर से, एक आवाज़ लगातार मुझे आगे बढ़ने के लिए प्रोत्साहित करती रही कि मुझे हार नहीं माननी। आज मैं अपना आदर्श वजन पाने में सफल हूं व उस पर टिकी हुई हूं।

अगर मैं कर सकती हूं तो आप भी कर सकते हैं।

एक वैलनेस प्रोफेशनल होने के नाते, मैंने वजन घटाकर व घटे हुए वजन को कायम रखते हुए मिसाल पेश की है। अब इस पुस्तक के माध्यम से मुझे उन सब खट्टे-मीठे अनुभवों को बांटने का अवसर मिल रहा है, जो मुझे वजन घटाने की इस यात्रा में हुए।

आप सब प्लस-साइज के लिए मेरे पास एक संदेश है। मैंने वजन घटाने के तरीकों पर वर्षों शोध किया है और आपके लिए उन्हें प्रस्तुत किया है। मैंने सभी डाइट प्लान की, प्रभावोत्पादकता जांची है व भूल-सुधार विधि से, कथानक व तथ्य छांटे हैं। नतीजन वैज्ञानिक रूप से प्रमाणित डाइट प्लान आपके पास है, जो सचमुच कारगर है।

अगर आप भी वसा से लड़ रहे हैं तो एक क्षण के लिए भी स्वयं को अकेला न समझें। मैं इस पूरे सफर में आपके साथ हूं....हम एक टीम हैं। मैं यहां आपसे अपने डाइट के राज व स्पेशल टिप्स बांटने आई हूं। मैं आपको ऐसे सरल डाइट संबंधी सुझाव देना चाहती हूं, जिन्हें आप आसानी से रोज़मर्रा

के जीवन में अपना सकें। मैं ज़िंदगी की यह कठिन लड़ाई जीतने में आपकी सहायता करूंगी।

संभवत: आपने इससे पहले कभी इतना सरल व समर्थनयुक्त प्लान नहीं देखा होगा। मैं कहना चाहूंगी कि वजन घटाना कोई रॉकेट साइंस नहीं है—बस टिके रहें व खुद पर भरोसा रखें। जी हां, वजन घटाने के इस युद्ध में यही आपका सबसे बड़ा हथियार होगा। इसे इस्तेमाल करें!

जिस तरह मैंने फोर-वीक काउंटडाउन डाइट की मदद से अपना आदर्श वजन पाया, उसी तरह आप भी पा लेंगे।

गुड लक!

विषय सूची

भाग–1

चार सप्ताह के खानपान का कार्यक्रम

1

परिचयः आहार

आपका खान-पान किसी लक्ष्य से कम नहीं

अगर आपने अपने लिए इस पुस्तक को चुना है, तो आपको बधाई हो! आपने गारंटीशुदा वजन घटाने के लक्ष्य की ओर पहला कदम बढ़ा दिया है।

आप अपना वजन क्यों घटाना चाहते हैं? अपना एक्स फैक्टर पहचानें।

निःसंदेह आपके पास वजन घटाने के अपने कारण होंगे। यह आपके डॉक्टर के द्वारा सही समय पर दी गई सलाह हो सकती है या स्वास्थ्य कारणों से वजन घटाने की चेतावनी भी! हो सकता है कि विवाह समीप हो और आप उस दिन सबसे बेहतर दिखने की इच्छा रखते हों। हो सकता है कि अधेड़ उम्र होते-होते मोटापे ने अपना प्रभाव दिखा दिया हो या कोई सादा-सा कारण भी हो सकता है-अब आप और मोटापा झेल नहीं सकते।

आपके व इस ग्रह के अधिक वजन वाले प्रत्येक व्यक्ति की तरह मुझे भी अपने मोटापे रूपी प्रेत से लड़ना पड़ा। एक प्लस-साइज़ किशोरी होने के नाते, केवल वार्डरोब से खीझकर निकलना ही मेरी मुश्किल नहीं थी। आंटियां बड़े ही प्यार से कहतीं-ओह पप्पी फैट! ये तो बड़े होने पर खुद ही छंट जाएगा! (मेरी बीस वर्ष की आयु तक ये बातें चलतीं रहीं।) कॉलेज के वर्षों में दोस्त टाइट फिट जींसों में दनदनाते घूमते और मैं कॉरीडरों से गुज़रते हुए जानती थी कि मुझे इस दुश्मन से निपटना था।

आप में से कइयों ने यही सब सहा होगा।

व्यक्तिगत सदमे के अलावा मोटापे से सामाजिक अत्याचार भी जुड़ा हो सकता है। विमान के यात्री आपको उनके पास की सीट पर बैठते देख नाक-भौं सिकोड़ सकते हैं। आपके पहुंचते-पहुंचते लिफ्ट का दरवाज़ा बंद हो सकता है। एक भीड़-भरी बस में...खैर छोड़िए, जाने दें!

बुनियादी तौर पर आपको एक ही 'कारण क्यों?' पर केंद्रित होना है, स्वयं अपना प्रेरक चुनें, वह एक्स फैक्टर, जो आपको वजन घटाने की प्रेरणा देता है। यहां मैं कहना चाहूंगी, अगर मां आपसे वजन घटाने को कहती हैं या आपके पति एक ट्रॉफी वाइफ चाहते हैं तो आप डाइट (आहार) का पालन करने के लिए प्रेरित नहीं होंगी क्योंकि डाइट के दौरान कोई दूसरा आपको प्रेरित नहीं कर सकता। इसके लिए आपको स्वत: प्रेरित होना होगा।

केवल आप, आप ही डाइट पर जाने का निर्णय ले सकती हैं। पहले अपने ईमान को पहचानें, फिर अपने लक्ष्य की ओर बढ़ें। अपने विशेष कारण को जान लें, तो उसे छोड़ें नहीं बल्कि अपने जीवन का मिशन बना लें।

मेरा एक क्लाइंट था, जो सारी ज़िंदगी मोटू कहलाने से उकता गया था। मानें-न-मानें, केवल इसी एक वजह से अर्जुन बीस किलो वजन घटाने में कामयाब रहा।

उसने कर दिखाया।

तो अपने भीतर गहराई तक झांकें व एक्स फैक्टर पहचानें फिर अपने तंत्र से वसा को निकालना आरंभ कर दें।

एक बार अगर यह तथ्य पकड़ में आ गया तो डाइट के प्रति प्रेरणा का अभाव नहीं रहेगा। यही प्रेरणा आपके अथक प्रयासों का एकमात्र कारण होगी।

तब आपकी डाइट एक मंज़िल होगी व आप इसी प्रेरणा व पुरस्कार के बल पर कुछ भी करने व किसी भी हद तक जाने को तैयार होंगे।

क्या आप जानते थे कि सही डाइट का चुनाव भी डाइट जितना ही महत्त्व रखता है?

संभवत: आप पहली बार डाइट नहीं ले रहे। हो सकता है कि दूसरी-तीसरी बार हो या संभवत: आपने गिनती रखना ही छोड़ दिया हो। आप अकेले नहीं हैं। आप भी पूरी दुनिया के लाखों अन्य डाइटर्स जैसे हैं, जो इस जादुई फार्मूले की तलाश में हैं, जो चमत्कारिक रूप से उनके जीवन का कायाकल्प कर देगा।

हम सब बड़े जोश के साथ डाइट आरंभ करते हैं। जैसाकि मैं व आप दोनों जानते हैं, सारे डाइट उतना नहीं दे पाते, जितना वादा करते हैं। इससे भ्रम पैदा होता है, काफी लंबे संघर्ष के बाद आप हार मान जाते हैं। आपका डाइटिंग अनुभव भूखे रहने, थोड़ा और ज्यादा खाने, जैसे अपराधबोध महसूस करने व खाने के दुश्चक्र में उलझकर रह जाता है। अंत में वजन फिर से वहीं आ जाता है, जहां से चला था। इससे भी बुरा यह होता है कि वजन बढ़ते-बढ़ते, आपका आत्मविश्वास घटने लगता है।

अगर यह सब पीड़ाजनक रूप से परिचित लग रहा है तो अब थोड़े से गंभीर आत्मविश्लेषण का समय है। एक ऐसा डाइट प्लान लेने का समय है, जिसके साथ आप जी सकते हैं। इसके लिए एक ऐसी डाइट चाहिए जो आपके खान पान के ढांचे में फिट होते हुए नियमित दिनचर्या का अंग बन सके। एक ऐसी डाइट जो आपका ध्यान रख सके।

रोज़मर्रा के जीवन की सीमाओं पर कार्य करते हुए मैंने ऐसा डाइट प्लान विकसित किया है, जिसे अपनाना बेहद आसान है। इसमें कोई कड़े कायदे-कानून नहीं पर फिर भी यह विस्मयकारी परिणामों की गारंटी देता है।

इसे फोर-वीक काउंटडाउन डाइट क्यों कहते हैं?

द फोर-वीक काउंटडाउन डाइट एक सरल व सुरक्षित उपाय है जो चार सप्ताह में परिणाम देने की गारंटी देता है। इस प्लान के साथ, आप सिर्फ वजन नहीं घटाते बल्कि लंबे समय तक आदर्श वजन को बनाए रखने के भी योग्य हो पाते हैं।

द फोर-वीक काउंटडाउन डाइट कैसे बनी?

पिछले बीस सालों से हैल्थ व वैलनेस प्रेक्टिशनर होने के नाते मुझे व्यक्तिगत रूप से, हजारों ऐसे व्यक्तियों की समस्याओं को जानने-सुनने का अवसर मिला, जिनका वजन काफी अधिक था। मैंने अपने ग्राहकों को उनके अच्छे-बुरे हालात में देखा व जाना है।

इसके अलावा, स्वयं का वजन अधिक होने के कारण, मैं स्वयं कई समस्याओं से पेश आ चुकी हूं तो ऐसे में मेरे लिए डायटीशियन व व्यायाम विशेषज्ञों द्वारा किए गए दावों की व्याख्या करना आसान था। मैं अपने ही अनुभव से तथ्यों का निचोड़ निकालने में सफल रही। वजन घटाने की मेरी यह यात्रा एक खोज व प्रयोग रही और अंततः एक राह बन गई, जिसे मैंने सालों से एकत्र की गई सामग्री के संदर्भों से निखारा व संवारा।

मैं वजन घटाने के ऐसे वैकल्पिक उपायों की तलाश में थी, जिसमें चीरफाड़ का कोई काम न हो। हालांकि यह प्रक्रिया रातों-रात पूरी नहीं हुई। पहले-पहल मुझसे भी भूलें हुईं। मुझे भी यह समझने में बरसों लगे कि शरीर व्यायाम व डाइट के लिए कैसी प्रतिक्रिया देता है। समय के साथ-साथ मैंने संशोधन व पुनः आविष्कार की ऐसी तकनीकें खोज निकालीं, जिनमें अभी सुधार की गुंजाइश थी। यही आजमाई गई तकनीकें लेकर, मैं आपके साथ बांटने आई हूं।

खुशखबरी यह भी है कि आपको भूखो मरने की नौबत नहीं आएगी। इसके विपरीत, आपसे अपेक्षा की जाएगी कि आप सीरीयल, फल व सब्जी तथा प्रोटीन भोजन की प्रतिदिन आपूर्ति लें, जोकि इस संतुलित डाइट प्लान का हिस्सा है। इससे वजन घटने पर भी आप स्वस्थ दिखेंगे क्योंकि आप स्वाभाविक रूप से शरीर से आने वाली प्रतिक्रियाओं का भी पूरा लाभ ले सकेंगे।

मैं हमेशा से ही ऐसी डाइट चाहती थी...जो स्वस्थ जीवनशैली का एक अंग बन सके। डाइटर्स के लिए इसका अर्थ है, एक संतुलित व पौष्टिकता से भरपूर खान पान की नियमित आदतें, जो धीरे-धीरे वजन घटाती हैं। यदि एकदम खाना छोड़ दिया जाए या खान पान की गलत आदतें अपनाई जाएं तो दीर्घकाल में सेहत के लिए परेशानी पैदा हो सकती है।

एटकिंस डाइट हाई-प्रोटीन का दावा करती हैं। जी. आई. डाइट शरीर के ग्लाइसीमिक इंडेक्स स्तर को निलंबित करती हैं। मैं अपनी फोर-वीक काउंटडाउन डाइट को पूरा सौ प्रतिशत समर्थन देती हूं। यह डाइट 1, 2, 3 फार्मूले पर आधारित हैं।

1, 2, 3 फार्मूला :

1, 2, 3 का क्या अर्थ है? 1 का मतलब है सीरीयल, 2 का मतलब है फल व सब्जी, 3 का मतलब है प्रोटीनयुक्त भोजन। प्रत्येक भोजन को संतुलित बनाने के लिए आवश्यक है कि उसमें 1, 2, 3 खाद्य समूह शामिल किए जाएं।

संतुलित डाइट इतनी महत्त्वपूर्ण क्यों है? न तो केवल मीठा या वसा छोड़ने से वजन घटेगा और न ही कैलोरी घटाना काम आएगा। आपको एक संतुलित व पौष्टिक डाइट प्लान चाहिए, जिसमें नियंत्रित रूप से कैलोरी ली जाए, वही वजन घटाने का सुरक्षित व दीर्घकालीन समाधान है।

मेरे फोर-वीक काउंटडाउन में कैलोरी पहले से ही गिनी गई है...तो आराम से बैठें व चैन की सांस लें। यहां आपको हमेशा मुंह में कौर डालने से पहले जमा-घटा करने की आवश्यकता नहीं है।

मैंने अपनी विशेषज्ञता के प्रत्येक क्षेत्र में, क्लीनिकल एक्सरसाइज से लेकर टीनएज डाइट तक; 'शरीर के साथ काम करने' को ही प्राथमिकता दी है।

सालों के अध्ययन से मैंने जाना कि कोई भी दो व्यक्ति किसी एक डाइट पर एक-सी प्रतिक्रिया नहीं देते। सबके लिए वन-साइज फिर समाधान नहीं हो सकता। हर अधिक वजन वाली स्त्री या पुरुष की अपनी ही समस्या होती है, जिसका एक अलग व अनूठा समाधान होना चाहिए।

द फोर-वीक काउंटडाउन डाइट केवल चुनावों के बारे में है। भोजन के विकल्पों में लोच है व समय भी समायोजित हो सकता है। वास्तव में, मेरा फोर-वीक काउंटडाउन विशेष रूप से, आपके लिए आर्डर पर तैयार किया गया है।

2

पेश है!

4 सप्ताह के कार्यक्रम

एक सप्ताह-दर-सप्ताह डाइट प्लान, जो आपको आपकी तरह ही जीने की इजाज़त देता है।

फोर-वीक काउंटडाउन में आपका स्वागत है। आप एक ऐसी डाइट शुरू करने जा रहे हैं, जो डाइट लगती ही नहीं है। मैं यहां आपको एक ऐसा लचीला व दोस्ताना प्लान बताने जा रही हूं, जो आपके लिए बिल्कुल अनुकूल है। चार सप्ताह में ही, आप प्रति सप्ताह एक-एक डाइट आहार को शामिल करते हुए पूरी डाइट पर आ जाएंगे। यह बहुत आसान उपाय है।

मुझे पूरा यकीन है, आप भी यही कहेंगे कि कोई डाइट शुरू करना मुश्किल नहीं होता पर उस पर टिके रहना एक चुनौती होती है। शोध भी आपके भावों को समर्थन देते हैं। निरंतर प्रमाणित होता आया है कि दूसरे-तीसरे सप्ताह तक डाइट्र्स की संकल्प शक्ति कमजोर होने लगती है, लालच सिर उठाने लगता है, वे हार मानने लगते हैं व देखते-ही-देखते डाइट उनके हाथ से निकल जाती है।

भूखा रहना मना है

मैंने अक्सर डाइटर्स को पहले भूखों मरते और फिर खाने पर टूट पड़ते देखा है। यह सिंड्रोम काउंटर प्रोडेक्टिव है, तभी मैंने एक ऐसा डाइट प्लान बनाया है जो आपको भूखे रहने की इजाजत नहीं देता। वास्तव में, यहां भूखा रहना मना है। पूरे फोर-वीक काउंटडाउन में, हर भोजन की नियत मात्रा लेना व खान पान के ढांचे को नियमित रखना अनिवार्य है।

हां, आप यह जानकर आश्चर्यचकित हो सकते हैं कि फिर भी आप वजन घटाने जा रहे हैं तो यह कैसे काम करता है? दिन में छः बार खाकर, पूरे पौष्टिक तत्व लेकर, भूखे न रहकर भी वजन घटाने की गारंटी?

मेरा 1, 2, 3 फार्मूला आपको संपूर्ण व संतुलित पोषण की गारंटी देता है। बस सीरीयल, फल + सब्जी व प्रोटीनयुक्त आहार को डाइट में, नियत मात्रा में लें?

यह प्लान पूरी तरह से आपकी जीवनशैली के अनुसार तैयार किया गया है। आप इस डाइट प्लान के साथ पूरी तरह से सामान्य जीवन भी जी सकते हैं। न तो ऑफिस के लंच टाइम में एलियन दिखेंगे व न ही डाइट की वजह से डिनर के न्यौते रद्द करते दिखेंगे।

मैं यहां आपके सामने पूरे फोर-वीक काउंटडाउन डाइट का प्लान दे रही हूं जिसमें 1, 2, 3 फार्मूला प्रयोग में लाया गया है।

आपके नाश्ते, लंच, डिनर व स्नैक टाइम को 1, 2, 3 खाद्य समूहों (सीरीयल, फल व सब्जी, प्रोटीनयुक्त भोजन) में बांटा गया है। इस तरह आप सेहत से कोई समझौता किए बिना वजन घटा सकेंगे।

1. सीरीयल : शरीर को प्रमुख रूप से ऊर्जा प्रदान करने वाला।

2. फल व सब्जियां : विटामिन व मिनिरल तथा रेशे (फाइबर) से भरपूर रोग प्रतिरोधक क्षमता व पाचन में सहायक।

3. प्रोटीन युक्त भोजन : शरीर के बिल्डिंग ब्लॉक, शरीर की मरम्मत व रख-रखाव के लिए उत्तरदायी।

रोचक तत्व

भारत के व्यंजन भी इसकी संस्कृति की तरह ही विविध हैं। इस विविधता के बावजूद भारतीय थाली सबको एक सूत्र में बांधती है। थाली में संपूर्ण, पौष्टिक व संतुलित भोजन होता है। उसी तरह 1, 2, 3 फार्मूला भी प्रत्येक भोजन के लिए संपूर्ण पोषण देता है।

1, 2, 3 फार्मूले की मदद से शरीर के सभी पाचक एंजाइम सही तरीके से काम करने लगते हैं। इससे शरीर संतुष्ट रहता है व उसे प्रदर्शन के ऊंचे स्तर तक काम करने के लिए अनिवार्य पोषक तत्व भी मिलते रहते हैं। (इसके विपरीत किसी एक ही खाद्य समूह की अधिक मात्रा लेने से थकान व चिड़चिड़ापन आता है, शरीर निढाल लगता है व नींद आती रहती है।)

यह भी जरूरी है कि आप नियमित अंतराल पर भोजन लेना सीखें। तर्क यह है कि अधिक खाने से मेटावॉलिज्म की दर बढ़ेगी, अधिक कैलोरी व्यय होगी व अधिक वजन घटेगा। तभी मैं नियमित अंतराल पर, थोड़ा-थोड़ा खाने की सलाह देती हूं।

इस तर्क के अतिरिक्त मनोवैज्ञानिक कारण भी है कि 1, 2, 3 फार्मूला वजन घटाने के लिए कारगर क्यों है?

पाचन प्रक्रिया में सारा भोजन कैलोरी में बदलता है। यह प्रक्रिया भोजन का धार्मिक प्रभाव कहलाती है। रोचक बात यह है कि सारा भोजन एक-सी गति से व्यय नहीं होता। अगर अलग खाद्य पदार्थों का 'बर्न रेट' अलग है तो आप डाइट का पूरा लाभ कैसे लेंगे। मेरा फार्मूला यही बताता है।

1. सीरीयल बीस प्रतिशत का 'बर्न रेट' या थर्मिक प्रभाव पैदा करते हैं, जो कि बहुत अधिक है।

सीरीयल में कार्बोहाइड्रेट होते हैं जो शरीर को प्रमुख रूप से ऊर्जा प्रदान करते हैं। यदि आप ब्लड शुगर व इंसुलिन के स्तर में ज्यादा उतार-चढ़ाव नहीं चाहते तो सिरीयल की नियंत्रित व सीमित मात्रा को नियमित अंतराल पर लें। आपकी लाल रक्त कणिकाएं व मस्तिष्क की कोशिकाएं भी ऊर्जा के लिए कार्ब पर निर्भर हैं।

हालांकि केवल सिरीयल पर आधारित भोजन को संतुलित नहीं कह सकते। सिरीयल की जिस ऊर्जा का प्रयोग नहीं होगा, वह आपको निढाल करते हुए, वसा में बदल जाएगी।

दूसरी ओर, इसे पूरी तरह से छोड़ देने से शरीर की ऊर्जा की आवश्यकता पूरी नहीं होगी। उसे मसल प्रोटीन या मसल टिश्यू के ब्रेकडाउन से ऊर्जा लेनी होगी। इस अवस्था को 'ग्लूकोनिओजेनेसिस' कहते हैं।

2. फल व सब्जियां बीस प्रतिशत बर्न रेट या थर्मिक प्रभाव पैदा करते हैं।

अब एक और रोचक तथ्य है। फल व सब्जियां भी सिरयल जितना ही थर्मिक प्रभाव देते हैं पर इनमें 90

प्रतिशत तक जल की मात्रा हो सकती है। अतः ये ज्यादा कैलोरी नहीं देते। कुछ सब्जियां जैसे- सेलेरी स्टिक या खीरा आदि को चबाने व हजम करने के लिए उतनी ही कैलोरी चाहिए, जितनी कि उनमें होती है। यानी जीरो कैलोरी! यानी वसा घटाने का बेहतरीन उपाय!

फल व सब्जिया विटामिन व मिनरल देने के साथ-साथ वसा भी घटाते हैं। इसे भी अकेले लेने से कोई लाभ नहीं होता क्योंकि ये जल्दी से हजम हो जाते हैं और आप फिर भूख महसूस करते हैं।

फल व सब्जियों में रेशा कितना काफी रहेगा?

फल व सब्जियों का फाइबर आपके पाचक तंत्र से व्यर्थ पदार्थों को बाहर निकालने में सहायक होता है। यह पाचक तंत्र में स्पंज की तरह काम करते हुए व्यर्थ पदार्थों की सफाई करता है व कब्ज नहीं होने देता। यह मल को नरम बनाता है जिससे मल त्याग में आसानी होती है।

यदि पौष्टिकता के हिसाब से बात करें तो प्रतिदिन फाइबर की 35 ग्राम मात्रा लेना अच्छा है। धीरे-धीरे आहार में रेशे की मात्रा बढ़ाएं। यदि काफी सारा एक साथ लिया तो पेट गड़बड़ा जाएगा। यदि 50-60 ग्राम से अधिक लिया तो इसकी अति होगी। इससे जिंक, आयरन व मैग्नीशियम जैसे विटामिन व मिनरलों के अवशोषण में कमी आ सकती है।

मिथकों का खंडन

मुझे पता है कि तकरीबन डायटीशियन व न्यूट्रीशियन केवल फल खाने की सलाह देते हैं क्योंकि इनका हाजमा सरल होता है। जबकि पाचन तो कई कारकों पर निर्भर करता है : आप जो भोजन करते हैं उसका प्रकार, भोजन की मात्रा व लिए जाने की फ्रीक्वेंसी।

वास्तव में सारे भोजन को पाचन के लिए एक जैसी प्रक्रिया से गुजरना पड़ता है तो बेहतर होगा कि आप फलों के साथ सीरीयल व प्रोटीनयुक्त भोजन भी लें। इस संतुलित आहार से लंबे समय तक पेट भरा महसूस होगा।

इस तरह हर भोजन के बाद दो-ढाई घंटे तक कुछ खाने की इच्छा नहीं होगी। अब तो साफ है न कि फल खाने व वजन घटाने में कोई सीधा संबंध नहीं है।

3. प्रोटीन 30 प्रतिशत तक थर्मिक प्रभाव देते हैं।

यानी प्रोटीन के पाचन में सबसे अधिक कैलोरी या ऊर्जा व्यय होती है। इन्हें हजम होने में अधिक समय भी लगता है और हम जानते हैं कि वजन घटाने के लिए यह एक महत्त्वपूर्ण कारक है।

पर हर चीज़ की एक सीमा होती है। यदि इस भोजन की अधिक मात्रा ली तो उसे हजम करना कठिन होगा व किडनी तथा लीवर प्रभावित होंगे।

वसा संबंधी तथ्य

अब हम वसा की बात करेंगे, जिसका थर्मिक प्रभाव सबसे कम, 3 प्रतिशत है। वसा पाचन के समय कम-से-कम कैलोरी लेता है। तभी इसके कारण वजन बढ़ जाता है। हालांकि डाइट के समय भी वसा की थोड़ी-बहुत मात्रा लेना आवश्यक है क्योंकि वसा, वसा में घुलनशील विटामिनों के अवशोषण व अनिवार्य हारमोन्स बनाने के लिए चाहिए। वसा आपको स्वस्थ त्वचा व बालों का भी उपहार देती है।

प्र. पाचन कैसे काम करता है?

उ. भोजन पेट व आंतों में जाता है व शरीर के एंजाइमों द्वारा उसका ब्रेकडाउन होता है। यह पाचन, अवशोषण व निष्कासन की प्रक्रिया से होकर गुजरता है। शरीर विविध स्रोतों से पोषक तत्व पाता है। सीरीयल, फल व सब्जियां, ग्लूकोज़ में बदलते हैं। प्रोटीन अमीनो एसिड में तथा वसा फैट एसिड में बदलती है।

फोर वीक काउंटडाउन की मदद से आप इस पाचन प्रक्रिया में अधिकतम लाभ पा सकते हैं। हम आपको डाइटिंग की एक नई परिभाषा दे रहे हैं। इससे पहले डाइटिंग का अर्थ था - लंच में केवल सलाद पत्ते।

भोजन का थर्मिक प्रभाव, वह मेटाबॉलिक दर है, जिससे भोजन का पाचन होता है

सीरीयल	*थर्मिक प्रभाव*	*20 प्रतिशत*
फल व सब्जियां	*थर्मिक प्रभाव*	*20 प्रतिशत*
प्रोटीनयुक्त आहार	*थर्मिक प्रभाव*	*30 प्रतिशत*
वसा	*थर्मिक प्रभाव*	*3 प्रतिशत*

हालांकि यह न भूलें कि आपका काउंटडाउन लचीला व दोस्ताना होने के बावजूद, है तो एक डाइट प्लान ही। मात्रा सीमित रखनी होगी। उच्च वसायुक्त भोजन से बचना होगा इसीलिए कृपया अवास्तविक अपेक्षाएं न रखें। शरीर की बंधी लय-ताल के साथ चलें।

जरा तथ्यों पर नज़र डालें

रातों-रात वजन नहीं घटता। आपको इसके लिए प्रयास करने होंगे। व्यायाम भी इस कार्यक्रम का अटूट हिस्सा है। आपको दीर्घकालिक स्वस्थ जीवनशैली के लिए वजन घटाना ही होगा व इसके लिए मेहनत करनी ही पड़ेगी।

इस प्लान के तहत आप खान पान की नई शैली अपनाना सीखेंगे। बेहतर होगा कि आप व्यायाम के साथ डाइट प्लान को गंभीरता से लें। व्यायाम के अभाव में वजन काफी धीमी गति से घटेगा।

फोर-वीक काउंटडाउन के बाद मैंने 'ए वे फारवर्ड' अध्याय दिया है। उसमें आप जानेंगे कि वेट घटाने के लक्ष्यों तक जाने का मेन्टेनेंस प्लान क्या होगा।

इस प्लान को शुरू करने से पहले मैं आपको अपने ग्राहकों द्वारा पूछे जाने वाले आम प्रश्नों के बारे में बताना चाहूंगी। संभवतः आपके मन में भी वैसे ही सवाल होंगे।

(मेरी एक क्लाइंट बिनाइफर विलीमोरिया का मानना था कि वह जितनी कैलोरी घटाएगी, उतना ही वजन घटना चाहिए, इसीलिए उसने भोजन से वसा को पूरी तरह से घटाना चाहा।)

इस तरह की सोच से आपका नुकसान हो सकता है। यदि दिन में 1200 से भी कम कैलोरी ली तो मेटाबॉलिज्म धीमा पड़ जाएगा, मसल मास घटेगा व रोग-प्रतिरोधक क्षमता कम होने के कारण आप बीमार हो जाएंगे। सच यह है कि लो-कैलोरी व नो-फैट डाइट भी हाई-फैट डाइट जितनी ही हानिकारक हैं।

वसा की मात्रा घटाएं पर बिल्कुल समाप्त न करें। वसा अनिवार्य क्यों है? वह शरीर को पर्याप्त ऊर्जा देता है। बालों व त्वचा की चमक बनाए रखता है। वसा में घुलनशील विटामिन ए, डी, ई व के का भी वाहक होता है। कुछ हारमोन्स निर्माण के लिए भी इनकी आवश्यकता होती है।

मेरे ग्राहक जानना चाहते हैं कि वे कितना वजन घटा सकते हैं। कुछ को लगता है कि सप्ताह में 2 किलो तक वजन घटाना आसान है।

मैं ऐसे ग्राहकों को वास्तविकता के धरातल पर आने को कहती हूं। हर व्यक्ति में वजन घटाने की दर अलग होती है। आप औसतन सप्ताह में 2 से 4 किलो तक वजन घटा सकते हैं। वैसे सलाह यही है कि माह में 4 किलो से ज्यादा वजन न घटाएं। यदि क्रेश डाइट पर हैं तो पहले जो वजन घटेगा वह लीन मसल, मास व पानी के कारण होगा। बेहतर होगा कि संतुलित व पौष्टिक आहार लेते हुए, धीरे-धीरे वजन घटाया जाए।

जेनेटिक कारक, गठन, शारीरिक गतिविधि व भोजन की आदतें भी वजन घटाने को प्रभावित करते हैं। यदि आप पहले से आदर्श वजन के समीप हैं तो आपका वजन धीरे-धीरे घटेगा।

तो क्या सप्ताह में 1 किलो वजन घटाना संभव है?

जी हां, सामान्यतः वजन घटाने का करंट बॉडी मॉस इंडेक्स (बी.एम.आई.) व खान पान की आदतों से गहरा संबंध है जैसे काउंटडाउन डाइट में आपको प्रतिदिन 300 से 700 कैलोरी घटानी है। व्यायाम से 250 से 300 कैलोरी तक घटेगी। यानी आप दिन में 500 से 1000 कैलोरी तक घटा सकेंगे।

3500 कैलोरी व्यय - 1 पौंड वजन में कमी

7000 कैलोरी व्यय - 2 पौंड वजन में कमी

(सात दिन में 1000 कैलोरी प्रतिदिन व्यय)

सप्ताह में आप 2 lb घटा लें जोकि 1 किलो के बराबर होगा। इसी को बनाए रखेंगे तो एक माह में 4 किलो वजन घट जाएगा।

मेरे फिटनेस प्रोग्राम का नाम है पाइलेट्स, मेरे एक पाइलेट छात्र केदार का कहना था कि खाना छोड़ने से उसका वजन ज्यादा तेजी से घटता है।

मुझे उसे समझाने में काफी समय लगा कि खाना छोड़ देने से वजन नहीं घटता। मैंने उसे ऐसे लोगों के बारे में बताया जो नाश्ता छोड़ने पर भी मोटे हो

गए। मैंने उसे वैज्ञानिक तरीके से बताया कि भूख लगने से ब्लडशुगर के स्तर में गिरावट आती है व खाना खाने की इच्छा होती है और आप हाथ में आया हर तरह का भोजन खाने लगते हैं।

जब शरीर को पता चलता है कि भोजन नहीं है तो यह उस अकाल स्थिति के लिए, हठपूर्वक वसा का भंडार करने लगता है।

वहीं स्वस्थ व नियमित अंतराल पर खाने से शरीर को पता रहता है कि भोजन की आपूर्ति हो रही है इसीलिए वह अतिरिक्त वसा का भंडार नहीं करता।

(मेरी ग्रुप फिटनेस क्लास की छात्रा प्राची गुप्ता कई तरह की डाइट आजमा चुकी थी। उसने कहा कि उसे डाइटों के हिसाब से चलने के लिए पूरे जीवन को नए सिरे से शड्यूल बनाना पड़ा।)

मैंने प्राची को समझाया कि उसे किस तरह अपनी बॉडी क्लॉक को पढ़ते हुए लक्ष्य तक जाना है। वह अपनी पसंद से, हर तीन घंटे बाद खा सकती थी। वरन डाइट के दिशा-निर्देश पर चलता था। प्राची ने अनिवार्य पोषक तत्वों के साथ संतुलित व पौष्टिक आहार लेना सीखा।

प्रमुख लक्ष्य यही था कि बंधे-बंधाए डाइट प्लान से एक लचीले व दोस्ताना डाइट प्लान को जीवनशैली में शामिल कर सके। उसे यह इतना पसंद आया कि वह इसे 'प्राची गुप्ता डाइट' के नाम से पुकारने लगी व इसे दिल से अपना लिया।

प्रायः लोग पूछते हैं : मुझे अपना वजन कब-कब देखना चाहिए? वजन देखने का सबसे बेहतर समय क्या है?

यदि डाइट पर हैं तो सप्ताह में एक बार वजन देखें। सुबह-सुबह कुछ खाए-पिए बिना, हल्के वस्त्र पहनकर वजन देखना ठीक रहेगा।

मेरे कई नए ग्राहक प्रायः कब्ज की शिकायत लेकर आते हैं।

गलत खान पान के कारण ही कब्ज होती है। अतिरिक्त मात्रा में रिफाइंड खान पान व पानी की कम मात्रा लेना ही कब्ज के कारण बनते हैं।

शरीर को रोज़ 25 से 30 ग्राम फाइबर चाहिए। तभी पाचनतंत्र सही तरह से काम करेगा। इसे ताजी फल-सब्जी, साबुत अनाज, दाल, अंकुरित अनाज व बीजों के रूप में लें। मैं उन्हें कहती हूं कि आहार में रिफाइंड फूड की मात्रा घटाएं व पर्याप्त मात्रा में पानी लें।

रेशे व पानी का मेल जरूरी है, तभी कब्ज का प्रभावी इलाज हो सकता है। पहले तो फाइबर-डाइट अपनाएं। चाहें तो ईसबगोल जैसा रेचक भी ले

सकते हैं। आरामदायक जीवनशैली भी इसका एक प्रमुख कारण है। उचित खान पान व व्यायाम से ही कब्ज का दीर्घकालीन उपचार संभव है।

मैंने तो ऐसे ग्राहकों की गिनती करना ही छोड़ दिया है जो मेरे पास आ कर हाई-प्रोटीन डाइट लेने पर बल देते हैं।

हाई-प्रोटीन डाइट से कई तरह के गलत साइड-इफेक्ट हो सकते हैं। कार्ब की तरह अतिरिक्त प्रोटीन भी जमा होकर वसा में बदल जाता है। यह लीवर व किडनी पर भी अनावश्यक दबाव डालता है।

वैसे भी रोज के हिसाब से हमारे शरीर को, कुल वजन भार के प्रति किलो पर 0.87 ग्राम से ज्यादा प्रोटीन की आवश्यकता नहीं होती। फेड डाइट की बजाय एक संतुलित डाइट ही दीर्घकालीन रूप से शरीर को पूरे पौष्टिक तत्व प्रदान करती है।

मेरी एक दोस्त रैशल मांसाहारी है, उसे बाहर खाना बहुत पसंद है। उसने डाइट पर जाते समय पहला सवाल यही पूछा था– क्या मैं बाहर खाने जा सकती हूं?

रैशल काफी परेशान थी, मुझे उसे तसल्ली देकर अच्छा लगा। बाहर खाने का यह मतलब नहीं था कि डाइट चौपट होगी। बस उसे खाने के बेहतर विकल्प चुनना सीखना था– जैसे वह फ्राइड की बजाय भाप में पका, बेक्ड या ग्रिल्ड फूड खा सकती थी।

रैशल जैसे डाइटर्स विविध विकल्प अपना सकते हैं, जैसे–

- मक्खन में तैयार या फ्राई विकल्पों की जगह बेक्ड या रोस्ट फिश या चिकन
- मेयोनीज की जगह नींबू की ड्रेसिंग वाले सलाद
- क्रीमी सॉस की बजाय पुदीने की चटनी या साल्सा
- रिच ग्रेवी डिश की जगह तंदूरी खाना
- मक्खन वाले नान की बजाय रोटी।

कभी-कभी विवाहित युगल एक साथ डाइट पर जाने का निर्णय लेते हैं। स्वाभाविक तौर पर यह एक अच्छा विकल्प व प्रेरणास्रोत है पर क्या सचमुच कारगर है?

– जी हां, हो सकता है। बस याद रखें कि पुरुषों को अतिरिक्त कैलोरी चाहिए। उनके शरीर में मांसपेशियां अधिक विकसित रूप में होती हैं। अधिक मसल का मतलब है कि उनकी मेटाबॉलिक दर भी अधिक होगी व विश्राम तथा व्यायाम के समय कैलोरी व्यय भी अधिक होगा।

पुरुषों को इस अतिरिक्त ऊर्जा के लिए 150 कैलोरी प्रतिदिन चाहिए। फोर-वीक काउंटडाउन में, वीक 4 में इस एलाउंस को शामिल किया गया है।

जब भी अपना फोर-वीक काउंटडाउन आरंभ करें तो आने वाले सप्ताहों के लिए मानसिक व शारीरिक रूप से तैयार हो जाएं।

यह काउंटडाउन खान पान की गलत व विचित्र आदतों में बदलाव लाते हुए सुरक्षित व स्थिर रूप से वजन घटाने के लक्ष्य तक ले जाता है। हालांकि दूसरी डाइट आपके शरीर की ऊर्जा या पोषक तत्वों का क्षय कर सकती है यह डाइट प्लान धीरे-धीरे आपके शरीर को ऐसे नए रुटीन में ले जाता है जहां अतिरिक्त किलो घटाने में देर नहीं लगती।

सबसे पहला महत्त्वपूर्ण कदम है कि आप वर्तमान खान पान के ढांचे को समझें। तभी आप रोज़मर्रा के खान पान की आदतों को जान सकेंगे, अपनी कमियों व कमजोरियों को लिखें। क्या आप भूल सुधार कर सकते हैं? ठीक! बस समझिए कि आप सही राह पर हैं। आपकी खान-पान की आदतों में बदलाव लाना पूरी तरह से संभव है और स्वस्थ खान पान विकल्पों की ओर जाना भी कठिन नहीं है।

तो आप तैयार हैं? चलिए काउंटडाउन आरंभ करें!

डाइट प्लान के चार सप्ताहों में, हर सप्ताह एक समय के भोजन में सुधार किया जाएगा। पहले सप्ताह में, डिनर में कटौती होगी। दूसरे सप्ताह में डाइट डिनर के साथ नाश्ते में सुधार होगा। तीसरे सप्ताह में, डिनर व नाश्ते के साथ स्नैक्स में सुधार होगा। चौथे सप्ताह में इन सबको साथ लेते हुए लंच में सुधार होगा। चौथा सप्ताह आते-आते आपकी पूरी खान पान दिनचर्या काउंटडाउन दिनचर्या में बदल जाएगी।

काउंटडाउन कैलेंडर

वीक 1	संशोधित डिनर
वीक 2	संशोधित नाश्ता
वीक 3	संशोधित इन-बिटवीन स्नैक्स
वीक 4	संशोधित लंच

यह काउंटडाउन आपके शरीर की क्लॉक के अनुसार काम करता है।

यह फोर-वीक काउंटडाउन आपकी प्राकृतिक बॉडी क्लॉक से पूरा लाभ पाता है। सुबह के समय ऊर्जा का स्तर काफी अच्छा होता है जबकि शाम ढलते-ढलते शरीर निढाल पड़ने लगता है इसीलिए शरीर को सुबह जितनी ऊर्जा की आवश्यकता नहीं होती। इस तरह कैलोरी को बुद्धिमतापूर्वक बांटना चाहिए। रात की बजाय दिन में ज्यादा कैलोरी लेनी चाहिए।

डिनर आपका पहला डाइट मील क्यों? अगर आप भी तकरीबन लोगों की तरह रात के खाने को सबसे बड़ा मील मानते हैं, तो यह समस्या की जड़ है, आपकी मेटावॉलिक गतिविधि के अनुसार इसे तो सबसे हल्का खाना होना चाहिए।

डिनर टाइम आपकी डाइट के लिए डेंजर ज़ोन है : जरा सोचें, पहले आप एक शानदार डिनर के लिए ललचाते हैं और फिर जी चाहता है कि खा-पीकर बिस्तर पर पड़ जाएं। कृपया ऐसा न करें। अपने काउंटडाउन डिनर के निर्देशों का पालन करें व किसी भी कीमत पर पेट में भोजन ठूंस कर न सोएं। धन्यवाद!

नाश्ता करना न भूलें : नाश्ते के भी अपने नियम होते हैं।

1, 2 3। नाश्ता कभी न छोड़ें क्योंकि डिनर के बाद कई घंटों से पेट खाली है। पेट को कुछ चाहिए ताकि आपको ऊर्जा मिल सके। अपने शरीर की जरूरत को समझते हुए, उसी के अनुसार खाएं-पीएं।

सुबह के समय ली गई कैलोरी को आपका तंत्र जल्दी खर्च कर पाता है इसीलिए भरपेट नाश्ता करें।

सही समय पर स्नैक लेना न भूलें : जी हां, नाश्ते व लंच तथा डिनर के बीच स्नैक लेना जरूरी है। ये वजन घटाने में सहायक हैं क्योंकि भोजन के पाचन के लिए आपके मेटावॉलिक की दर तेज बनी रहेगी।

काउंटडाउन चुनावों के हिसाब से स्नैक चुनें ताकि दोपहर के पहले से, डिनर से पहले तक ऊर्जा का स्तर बना रहे।

बैग, बॉक्स या बुफे, लंच एक खास मील है : दोपहर तक शरीर थकने लगता है। उस समय पौष्टिक आहार लें ताकि शरीर की खोई ऊर्जा लौट आए।

यदि कहीं रास्ते में भी हैं तो शांति से बैठकर, लंच लेने का प्रयास करें। आपको लंच के लिए भी कई विविध व स्वादिष्ट विकल्प मिल सकते हैं।

खान-पान के कार्यक्रम : दस आसान चरण

1. बी एम आई देखकर पता लगाएं कि कितना वजन घटाना है।
2. वजन घटाने के लक्ष्यों के अनुसार, अपने लिए प्लान मिनिमम, मीडियम या मैक्सिमम चुनें।
3. वर्तमान खान-पान के ढांचे को समझें।
4. स्वयं को आने वाले 4 सप्ताह के लिए मानसिक रूप से तैयार करें।
5. संशोधित डिनर।
6. संशोधित नाश्ता।
7. संशोधित इन-बिटवीन।
8. संशोधित लंच।
9. वे फारवर्ड, ताकि पता लगे कि और वजन घटाना है या उतना ही रखना है।
10. नियमित व्यायाम व खान-पान की आदतें बनाए रखें व जीवनशैली का अंग बना लें।

3

खान-पान की योजना

कितना वजन घटाना है फिर लक्ष्य तय करें।

अब आपके चार सप्ताह के काउंटडाउन का सबसे रोचक हिस्सा सामने है। काउंटडाउन बनाते समय यह ध्यान में रखा गया है कि आप सबका आकार व आकृति अलग-अलग होते हैं। वजन जितना ज्यादा होगा, उतनी अधिक कैलोरी व्यय करनी होगी। जब आप वजन घटाएंगे तो शरीर के लिए आवश्यक कैलोरी की मात्रा भी घट जाएगी।

यह काफी हद तक जूते के आकार जैसा है जिस तरह आपके अपने पांव के लिए फिट जूता चाहिए, उसी तरह अपने लिए 'फिट डाइट' चाहिए। जो आपके कद व वजन पर आधारित होगी। यदि हम सब एक शेप या साइज में नहीं हैं तो हम सबके लिए एक जैसा डाइट प्लान क्यों हो?

मैंने इस बारे में जितना सोचा, डाइट को व्यक्तिगत स्तर पर लाने की उतनी अधिक आवश्यकता महसूस होने लगी। हालांकि यह आसान नहीं था पर मैंने कई आंकड़ों के हिसाब से तीन डाइट प्लान बना ही लिए।

प्लान मिनिमम	1250 कैलोरी प्रतिदिन
प्लान मीडियम	1400 कैलोरी प्रतिदिन
प्लान मैक्सिमम	1550 कैलोरी प्रतिदिन

जेनेटिक अंतर होने के कारण पुरुषों को अधिक कैलोरी चाहिए। इसीलिए वे प्लान मिनिमम में नहीं आते। उन्हें स्वयं को प्लान मीडियम या मैक्सिमम में डालना होगा।

महिलाएं इन तीनों प्लानों को चुन सकती हैं।

आपके वजन के हिसाब से ही तय होगा कि आपको कितना वजन घटाने की आवश्यकता है। मैं इसे 'परफेक्ट-फिट' वेट कहती हूं। क्योंकि इस वजन के साथ, आपका शरीर स्वयं को सबसे ज्यादा आरामदेह पाता है। एक बार अगर आप जान लें कि आपको कितने किलो वजन घटाना है तो आप स्वयं ही उचित डाइट प्लान में आ जाएंगे।

पुरुष

प्लान मीडियम

जो 4 किलो तक वजन घटाना चाहें।

प्लान मैक्सिमम

जो 5 किलो से अधिक वजन घटाना चाहें।

महिलाएं

प्लान मिनिमम

जो 4 किलो तक वजन घटाना चाहें।

प्लान मीडियम

जो 5 से 10 किलो के बीच वजन घटाना चाहें।

प्लान मैक्सिमम

जो 11 किलो से ज्यादा वजन घटाना चाहें।

तो यदि आप नहीं जानते कि आपको कितना वजन घटाना है तो आप क्या करेंगे? आप अपना 'परफेक्ट-फिट' वेट कैसे जानेंगे?

यहां मैंने एक उपाय दिया है। इसे परिशिष्ट 'अ' में लिया गया है : बॉडी मास इंडेक्स (बी. एम. आई.)। यह गणना आपके बी. एम. आई. के आधार पर होगी (आपके वजन व लंबाई का अनुपात)। साथ ही यह अध्याय सारी गणनाओं को विस्तार से भी बताता है।

यदि आपने अपने लिए कोई प्लान चुन लिया है तो इसे पढ़ने की आवश्यकता नहीं होगी।

डाइट प्लान चुनने के बाद अपनी डाइट की जरूरतों के अनुसार चलें। परिशिष्ट 'ब' में विभिन्न खाद्य समूहों के सर्विंग साइज दिए गए हैं।

याद रखें : *काउंटडाउन को सफलतापूर्वक पूरा करने के लिए आवश्यक है कि आपको अपने चुने गए डाइट प्लान के बारे में पूरी जानकारी हो।*

खान-पान कार्यक्रम की अच्छी बातें

- *ऊर्जा व मेटाबॉलिज्म के स्तर में वृद्धि।*
- *सुरक्षित तरीके से वजन घटाने में सहायक*
- *आपकी जीवनशैली व खान-पान की आदतों के अनुरूप।*
- *भोजन व मेन्यू में सुधार का प्रोत्साहन।*
- *चार सप्ताह बाद भी वजन घटाए रखने के उपाय देता है।*
- *शरीर को उचित आकार व टोन प्रदान करता है।*

4

एक दिवसीय कार्यक्रम

वर्तमान खान-पान ढांचे को समझें

इस अध्याय का उद्देश्य आपको कांउटडाउन के लिए तैयार करना है।

याद रखें कि फोर-वीक काउंटडाउन के नतीजे पाने के लिए आपको डाइट के पहले दिन से ही नियंत्रित रूप से चलना होगा। तभी कुछ बात बन पाएगी।

पहले सप्ताह में आप सिर्फ डिनर को डाइट में ले रहे हैं पर दूसरे समय के भोजन पर भी ध्यान दें ताकि आप कैलोरी की अतिरिक्त मात्रा न लेते रहें, पर यह होगा कैसे?

अपने आप दिन से शुरुआत करें। मैं एक वीकडे लेने को कहूंगी क्योंकि वीकएंड पर रुटीन थोड़ा बदल सकता है। आप सप्ताह के बीच का दिन जैसे बुधवार चुनें। कागज़ पर पूरे दिन के भोजन की खपत नोट करें व लिखें, आपने कब, क्या व कितना खाया।

यही होगा आपका वन-डे रीकॉल

काउंटडाउन के समय इससे आपको काफी मदद मिलेगी। उस समय के लिए निम्नलिखित दिशानिर्देशों का पालन करें।

तले-भुने भोजन की बजाय रोस्ट व बेक्ड भोजन करें।

सेव, पापड़ी, खाकरा या चिड़वा जैसी नमकीनें फ्राइड न होकर बेक्ड हों।

मिठाई, केक व पुडिंग से दूर रहें। मीठे की खपत आधी कर दें। किशमिश, खजूर, सूखे अंजीर या खुमानी, तिल लड्डू या मुरमुरा चिक्की जैसे स्वस्थ विकल्प चुनें।

सॉफ्ट ड्रिंक की बजाय नारियल पानी या हर्बल चाय लें।

हाई-कैलोरी फैट न लें जैसे मक्खन, क्रीम या तेल। वसा की न्यूनतम मात्रा लें, जैसे पास्ता खाना हो तो क्रीम बेस्ड न लेकर टोमैटो बेस्ड ही लें।

काउंटडाउन के 4 वीक तक वसा की खपत को पूरे दिन में, 2 छोटे चम्मच पर लाना होगा। धीरे-धीरे लक्ष्य की तरफ बढ़ें। उस समय आपको तेलयुक्त पकौड़े की बजाय पुदीना चटनी के साथ रोस्ट खाकरा भाने लगेगा।

वैसे मैं बता दूं कि इस डाइट प्लान में आपकी जीवनशैली व आदतों के हिसाब से लोच की काफी गुंजाइश है। आप कुछ पाबंदियों के साथ मनचाहे भोजन पर प्रयोग कर सकते हैं। नए-नए व्यंजनों को नए तरीकों से पका सकते हैं।

काउंटडाउन के साथ पूरा आनंद लें!

मैं आपको एक छोटे से प्रसंग के माध्यम से बताना चाहूंगी कि किस तरह हम लोग परवाह ही नहीं करते कि हम क्या खा रहे हैं।

मेरी फिटनेस क्लास छात्रा अनीसा अंसारी भी इसी क्लासिक जाल में फंसी थी, उसी की कहानी सुनें...

(डॉक्टर! एक चपाती ही खाती हूं पर वजन क्यों बढ़ रहा है...)

श्रीमती अंसारी की शिकायत थी कि जरा सी चपाती लेने पर भी उनका वजन तेजी से क्यों बढ़ रहा था। उन्होंने डॉक्टर को बताया एक चपाती लंच में व एक चपाती डिनर में।

फिर डॉक्टर ने थोड़ी और पूछताछ की तो पता चला कि श्रीमती अंसारी पूरे दिन में इन चपातियों के अलावा हाई-कैलोरी की इतनी वस्तुएं लेती थीं, जो किसी गिनती में ही नहीं आती थीं।

उन्होंने श्रीमती अंसारी को चौबीस घंटे का रिकार्ड लिखने को कहा। श्रीमती अंसारी ने ऐसा ही किया, बड़े ही हैरतअंगेज नतीजे सामने आए।

नाश्ता

1. बैड टी - 1 कप (आधा दूध, आधा पानी)
2. 4 स्लाइस, मक्खन लगे

शाम का नाश्ता

1. कोल्ड ड्रिंक (300 मि.ली.)
2. 2 समोसे

डिनर के बाद स्नैक

1. 1 गुलाबजामुन
2. 1 सॉफ्ट ड्रिंक (300 मि.ली.)

लंच व डिनर को शामिल किए बिना ही अनीसा जी काफी कैलोरी ग्रहण कर रही थीं। उनके हर डीप-फ्राई फूड में 35-40 शुद्ध वसा थी। तभी तो वजन बढ़ रहा था।

अनीसा की तरह ही हममें से कई अनजाने में ही सॉफ्ट ड्रिंक व स्नैक, स्नैक व चाय आदि से अंधाधुंध कैलोरी लेते रहते हैं।

भोज्य पदार्थों के विकल्प

- चार मक्खन लगे स्लाइस या पुदीना चटनी के साथ 4 ब्रेड स्लाइस
- कोल्ड ड्रिंक - नारियल पानी
- दो समोसे-मुरमुरा, भेल या खाकरा आदि
- गुलाबजामुन- एक बड़ा चम्मच मेवा/चिम्मी

बेहतर होगा कि आप रियलिटी चैक करें। औसतन एक दिन के कैलोरी ग्रहण का रिकार्ड लिखें। पता लगाएं कि वह घी लगी चपाती से आ रही है या नाश्ते के स्नैक से या मीठा आपकी कमजोरी है?

अनीसा ने स्वस्थ व लो-कैलोरी फूड खाना सीखा व वजन घटाया। आप भी ऐसा कर सकते हैं।

वन-डे रीकॉल का यह अभ्यास आवश्यक है क्योंकि इस तरह आप डाइट प्लान में ऊटपटांग खाने से खुद को रोक पाएंगे। धीरे-धीरे आपको अपने लिए लो-कैलारी व्यंजन चुनना भी आ जाएगा। यहां दिए गए दिशा-निर्देश ध्यान से पढ़ें ताकि आप उनसे पूरा लाभ पा सकें।

कृपया याद रखें कि यह वन-डे रीकॉल, आपकी डाइट के पहले तीन सप्ताह तक ही जायज है। चौथे सप्ताह से आपका काउंटडाउन पूरी तरह से क्रियात्मक हो जाएगा।

5

खरीदारी और जमा सामग्री

इस सेक्शन में मैं सीधे आपकी रसोई में कदम रखने वाली हूं। आपके काउंटडाउन की शुरुआत में कोई दिक्कत न आए या ऐसा न लगे कि 'ओए मैं तो इसे लाना भूल गई', मैंने यहां आपको उन खाद्य पदार्थों की सूची दी है, जो रसोई में अवश्य होने चाहिए। इसे किचन की दीवार पर लगाएं या दराज में रखें।

अब चेकलिस्ट के हिसाब से देखें कि आप किन उत्पादों के बिना नहीं रह सकते।

काफी अधिक मात्रा में साबुत अनाज व दालें खरीदें। फल व ताजी सब्जियां फ्रिज में हमेशा रहें।

दूध व दूध से बने उत्पाद रसोई में हों। यदि मांसाहारी हैं तो पोर्शन के हिसाब से फिश व पोल्ट्री रखें।

जब भी स्टॉक घटने लगे तो सूची के हिसाब से भर लें।

मैं आपसे यह नहीं कह रही कि वहां केवल लो-कैलोरी आइटम ही होने हों। यह एक वास्तविक दुनिया है। आपने अपने खाने के अलावा मेहमानों व बच्चों को भी खिलाना है। चाहे डाइट से संबंधित हों या न हों, यह सब खाद्य पदार्थ अवश्य रखें।

ग्रीन टिप

यदि मेथी या सलाद पत्ता जैसी हरी सब्जी को प्लास्टिक बैग में रखने की बजाय धो-सुखाकर किचन पेपर-टॉवल में रखा जाए तो ज्यादा समय तक ताजी रहती है।

यह जरूरी नहीं कि आपको फ्राइड बिल्कुल छोड़ना होगा। परिवार व मेहमानों को तो खिला ही सकती हैं। बस अपने लिए न्यूनतम मात्रा रखें।

यहां मैं आपको अपने सफल ग्राहकों में से एक स्टीवन पिंटों का उदाहरण देना चाहूंगी। वह अलग से खाने की बजाय वह लेता, जो पूरा परिवार खाता। यदि मूंग की दाल बनती तो बस वह उसे घी के तड़के के बिना लेता। यदि गोभी चीज़ बेक्ड पकता तो वह पत्नी से कहकर अपने लिए स्टीम्ड गोभी रखवा लेता। यदि परिवार मीठे में चॉकलेट फज ब्राउनी लेता तो वह साथ देने के लिए ज़रा-सा ले लेता।

यदि आपके घर में कुक है तो उसे बता दें कि आप डाइट पर हैं। मेरी क्लाइंट में से एक उमा अय्यर ने तो अपने जीवन को काफी सरल बना लिया। उसकी रसोई की दो शेल्फों पर हमेशा उसकी डाइट से संबंधित सामग्री रहती है ताकि कुक को भी मुश्किल न हो। माप के लिए कप/कटोरी का प्रयोग ठीक रहता है।

मेरी एक ग्राहक अनीता शिरोडकर तो और भी कलात्मक है। उसे रंगों से लगाव है। वह फलों को रंगों के हिसाब से खाती है। उसने सप्ताह के हर दिन को एक रंग दे रखा है। जैसे वह पर्पल दिन में बैंगन व अंजीर लेगी तथा बाजरे का आटा खाएगी, यैलो दिन में मूंग दाल, मौसमी व पंपकिन बेक लेगी।

बस आपके कांउटडाउन में लोच होनी चाहिए। क्रिएटिव बनें, प्रेक्टिकल रहें।

किचन में सामान पूरा होगा तो काउंटडाउन के हिसाब से व्यंजन पकाने में भी आसानी होगी, खुले दिल से प्रयोग करें, बोरियत से बचें व नई डिश आजमाएं।

सामान खरीदने खाली पेट न जाएं। इस तरह आपकी नज़र हाई-कैलोरी फूड पर जा सकती है या आप सामान लेते-लेते ही कुछ खाने लगेंगी।

यहां आपके काउंटडाउन के हिसाब से सूची दी गई है। डेंजर फूड लिस्ट को भी ध्यान से देखें व उनसे दूर ही रहें। जब भी किचन में वैसे खाद्य पदार्थ आएं, उनसे सावधान हो जाएं।

स्टॉक रखें

हरी/पीली मूंग दाल	*प्याज*
ब्राउन चावल	*सेब*

लपसी	सलाद पत्ते
	चाट मसाला
बाजरे का आटा	बेसिल/ऑरीगेनो/रोज़मेरी
ज्वार का आटा	हरा धनिया व पुदीना पत्ती
होल-व्हीट ब्रेड	नीबू
मल्टीग्रेन ब्रेड	हरी/हर्बल चाय
ओट मील	मौसमी फल
सूजी	टमाटर/खीरा
होल-व्हीट क्रेकर्स	हरी पत्तेदार सब्जी
लो-फैट टोफू	मसाले व हर्ब्स
लो-फैट पनीर	सेब का खट्टा सिरका
लो-फैट योगर्ट	बालसैमिक सिरका
स्किम्ड दूध	टमाटर की प्यूरी
लो-फैट फीटा चीज़	

मांसाहारियों के लिए

अंडे
लीन फिश/ट्यूना
चिकन ब्रेस्ट
श्रिंप

डाइट नो-नो	डाइट कभी-कभी
आईसक्रीम	आलू
डीप फ्राई फरसान	केला
केक व पेस्ट्री	पीनट बटर
एरियेटिड सॉफ्ट ड्रिंक्स	शकरकंदी
पोटैटो वेफर्स	जैकफ्रूट
हाई-फैट चीज़	आम
मेयोनीज़	चीकू
जैम/सिरप	सीताफल/शरीफा

फूड अनलिमिटेड

नीबू का जूस	हरी चटनी	लौंग
चाट मसाला	हरी मिर्च	इलायची

हल्दी	*हरा धनिया*	*दालचीनी*
चिली पाउडर	*करी लीव्स*	*काली मिर्च*
धनिया पाउडर	*पुदीना पत्ती*	*हींग*
पिसा जीरा	*इमली*	*तेजपत्ता*
सांबर मसाला	*अदरक*	*जायफल*
गरम मसाला	*लहसुन*	*कसूरी मेथी*

प्र. मैंने सुना है कि टोफू शाकाहारियों के लिए अच्छा है यह क्या है व कहां से मिल सकता है?

उ. टोफू एक सोयाबीन उत्पाद है, सोयाबींस को पीसकर दूध जैसा उत्पाद बनाया जाता है, जिसे ठोस रूप देते हैं। इसे सोयाबीन कर्ड भी कहते हैं। टोफू में प्रोटीन की मात्रा अधिक होती है तथा सैचुरेटिड फैट की मात्रा कम होती है। इसे कॉलेस्ट्राल फ्री भी कहते हैं। 100 ग्रा. टोफू की सर्विंग में 73 कैलोरी होती हैं, वैसे लेबल को देख लेना ठीक रहता है। सख्त टोफू लो-फैट होता है जबकि नरम टोफू में वसा की मात्रा अधिक होती है।

यह पनीर या कॉटेज चीज़ का एक अच्छा विकल्प होता है। इसे अपने व्यंजनों में डालें। यह उत्पाद सुपरमार्केट शेल्फों में उपलब्ध है, छोटी दुकानों पर भी यह उपलब्ध है।

प्र. क्या मैं दूध से बने उत्पाद ले सकता हूं?

उ. केवल लो-फैट या बिना वसा वाले दुग्ध उत्पाद ही लेने की अनुमति है जैसेकि कम वसा वाले दही से लस्सी बना सकते हैं। लो-फैट दूध से बना पनीर भी थोड़ी मात्रा में प्रयोग किया जा सकता है अधिक वसा वाले दुग्ध उत्पाद जैसे–चीज़, क्रीम और मक्खन आदि को काउंटडाउन के समय नहीं लेना चाहिए।

प्र. मुझे मीट पसंद है। क्या मैं नियमित रूप से मटन ले सकता हूं?

उ. मटन व पोर्क वसा और कॉलेस्ट्राल से भरपूर होते हैं। काउंटडाउन के दौरान इन्हें न लें। इनकी बजाय लीन चिकन या फिश ले सकते हैं।

प्र. क्या मैं चावल ले सकता हूं?

उ. आप अपनी मर्जी से चावल या कोई भी अनाज ले सकते हैं, वैसे यह ध्यान दें कि तयशुदा सीमा पार न हो।

प्र. क्या शाकाहारी आहार में प्रोटीन की कमी होती है?

उ. नहीं, इस आहार में दाल, अनाज, दूध, दूध से बने उत्पाद व सोया

उत्पाद से भरपूर प्रोटीन मिलता है। दूध व दूध उत्पाद जैसे पशु स्रोत भी प्रोटीन के संपूर्ण स्रोत हैं। शाकाहारी प्रोटीन अधूरे होते हैं इसीलिए इन्हें दूसरे खाद्य पदार्थों के साथ लेना चाहिए, जैसे दाल व रोटी या तिलहन आदि बेहतरीन शाकाहारी प्रोटीन स्रोत हैं।

निम्नलिखित सूची से 1 OZ ग्राम मीट जितनी प्रोटीन की मात्रा मिलती है :

1/4 कप पनीर

1 अंडा

1/2 कप लेग्यूम/दालें (पके हुए)

1/4 कप टोफू

1 कप सोया मिल्क

2 बड़े चम्मच मिक्सड नट्स

6

ध्यान दें!

आने वाले चार सप्ताह के लिए स्वयं को मानसिक रूप से तैयार करें

क्या आप जानते हैं कि डाइटिंग एक मांइड गेम है। आपका मस्तिष्क एक जटिल अंग है जो बहुत ही जटिल प्रतिक्रियाएं देता है। आदिम स्तर पर, मस्तिष्क यही चाहता है कि आप शरीर में वसा का भंडार बनाए रखें जोकि सूखे या बाढ़ की आपदा में काम आए। तभी इसने ऐसे संतुलन बनाए हैं कि आप कहीं भूखे ही न मर जाएं।

यद्यपि आधुनिक समाज ने छरहरा दिखने के कुछ नए नियम बना दिए हैं। वर्तमान में सामाजिक दबाव यही है कि आप दुबले-पतले न दिखकर सुडौल व गठे शरीर वाले दिखें। फैशन उद्योग जीरो-साइज मॉडल को आगे ला रहा है। फिल्म स्टार पर्दे पर सुपर टोन शरीर दिखा रहे हैं। 'यम्मी मम्मीज' वे नई सुपर मॉम हैं जिन्हें थोड़े ही समय में गर्भावस्था से पहले वाला फिगर वापिस मिल जाता है। यहां तक कि चालीस की उम्र के अधेड़ पुरुष भी एब्स बनाए रखते हैं, मसल्स बनाते हैं व अपनी आयु से आधी उम्र के दिखते हैं।

तो हम क्या भूल रहे हैं? अधिक वजन के लोग वजन को सबसे पहले क्यों लेते हैं?

आपने भी कहावत तो सुनी होगी : 'आप बहुत पतले या बहुत अमीर नहीं हो सकते।' आजकल दुनिया में लाखों लोग स्लिम दिखने के लिए काफी कड़ी मेहनत कर रहे हैं। वे वजन को ध्यान में रखते हुए, स्वस्थ रहने के प्रयास में है। वे इसे कैसे करते हैं?

वे लालच नहीं करते और खास बात यह भी है कि आसानी से निराश नहीं होते।

जरा रुककर इस बारे में गंभीरता से सोचें।

मैंने अभी-अभी बहुत खास बात कही है। मन ही आपके सभी कार्यों को प्रभावित करता है। अगर आप अधिक न खाने का सजग निर्णय ले लेते हैं तो शरीर के पास उसे मानने के सिवा कोई चारा नहीं होता। यदि आप कभी-कभी भूल करते हैं, जैसे कि हम सभी करते हैं तो, संकल्पशक्ति आपको बचा लेती है पर अगर आप कमजोर संकल्पशक्ति वाले हैं, अपने मन पर काबू नहीं रख पाते तो अपना वजन कभी नहीं घटा सकेंगे।

मस्तिष्क तनाव का सामना करने के लिए कई तरीके अपनाता है। कई बार यह 'एनोरेक्सिया मर्वोसा' जैसी असामान्य स्थितियों में भी फंस जाता है। इस अवस्था में आपका शरीर भुखमरी की नौबत तक आ जाता है व मेडीकल मध्यस्थता की आवश्यकता होती है। मैं इस समस्या को विस्तार से बताने की बजाय बस यही कहना चाहूंगी कि जहां तक आपकी डाइट का सवाल है, मन बहुत अहमियत रखता है।

तो स्वयं से करें एक वादा : लिखें कि आप कितना वजन घटाना चाहते हैं। अपने किसी भरोसेमंद साथी या दोस्त को वजन घटाने के लक्ष्य की जानकारी दें। कई डाइटर्स अपनी समस्या को सार्वजनिक रूप से बताने के बाद स्वयं को प्रेरित पाते हैं। जब यह निजी वादा नहीं रहता तो आप इसे पूरा करने के लिए स्वयं को और भी उत्तरदायी मानने लगते हैं।

मैंने यह जानने के लिए छोटी-सी प्रश्नोत्तरी तैयार की है कि आपका मन कैसे काम करता है? कृपया, जहां तक संभव हो, ईमानदारी से उत्तर देने का प्रयास करें।

क्विक-क्विज

पतला होने के बारे में कैसे सोचें?

निम्नलिखित दस वाक्यों को ध्यान से पढ़ते हुए, 'हां या नहीं' में उत्तर दें।

1. मैं कड़ी डाइट का पालन करता हूं व कुछ दिन बाद छोड़ देता हूं।
2. मेरे पास नियमित खान-पान का समय नहीं है।
3. मैं इतना व्यस्त हूं कि व्यायाम का समय ही नहीं है।
4. मुझसे लालच नहीं रोका जाता।

5. मैं तकरीबन समय खाता रहता हूं।
6. मुझे अपनी लुक्स पसंद नहीं है।
7. लो- कैलोरी फूड मजेदार नहीं होते।
8. भूख पर काबू नहीं कर सकता।
9. मैं बोर होने पर खाता हूं।
10. कहीं बाहर जाने पर कोई कुछ परोसे तो मुझे उसे 'न' कहना बुरा लगता है।

अगर आपने कम-से-कम सात सवालों के जवाब 'न' में दिए हैं तो आप सकारात्मक डाइटर हैं। आप जानते हैं कि डाइट की कमियां कैसे दूर करनी हैं तथा आत्मानुशासन किसे कहते हैं। आप फिट, फैब व नियंत्रित रहने की राह पर अग्रसर हैं।

अगर सात या उससे अधिक सवालों के उत्तर 'हां' हैं तो आपको थोड़ी मेहनत करनी होगी। अपनी कमजोरियां पहचानें व उन्हें दूर करें ताकि उचित परिणाम पा सकें।

एक नई शुरुआत करें

आपकी मानसिकता व जीवनशैली पर एक नज़र डालने का समय आ गया है। कई बार एक फैसला ही बहुत कुछ बना या बिगाड़ देता है। अगर आप डाइट से जुड़ी भूलें पैदा करने वाले हालात को जान लें तो उनके प्रति सावधान रहने में आसानी होगी। वैसे यह इतना आसान नहीं होता। भोजन हमेशा से ही मनुष्य को लुभाता आया है पर आपको लगातार खुद को याद दिलाना है कि आप यह कर सकते हैं।

आपने डाइट लेने का फैसला क्यों किया है? आप किस पुरस्कार की तलाश में हैं? जब भी कोई फ्राइड स्नैक खाना चाहें तो स्वयं से पूछें कि इससे मुझे क्या फायदा होगा? क्या इस जरा से स्वाद के लिए डाइट का त्याग अक्लमंदी है? क्या मैं फल के टुकड़े से भोजन की भूख नहीं मिटा सकता?

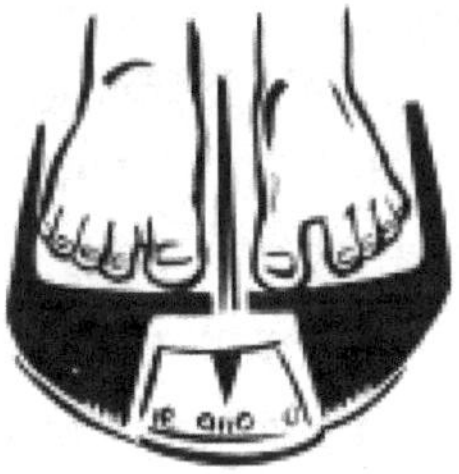

जीत-ही-जीत

जी हां, यदि आपने फ्राइड स्नैक्स को वापिस रखकर मुंह घुमा लिया तो जान लें कि

किला फतह हो गया जैसे, मैच जीत लिया या कोई अच्छी नौकरी हाथ आ गई।

इस तरह की सफलता से आत्मविश्वास बढ़ेगा व लक्ष्य तक जाने में आसानी होगी।

वजन के कांटे को अपने हक में करने के दस टिप्स

1. अपने आपको पतला समझें

स्वयं को पतला मानें व ऊर्जा को सकारात्मक दिशा में ले जाएं। इसके विस्मयकारी परिणाम होंगे। यदि एकाग्र मन से केंद्रित होंगे तो लक्ष्य तक जाने में देर नहीं लगेगी।

याद रखें, यह सब कुछ फील गुड फैक्टर ही तो है। कभी पटरी से उतर भी जाएं तो शर्मिंदा न हों। कभी न कहें कि 'व्यायाम करने पर भी बस दो पौंड ही घटा है' इसकी बजाय कहें, 'दो पौंड घटाकर अच्छा लगा, अब तो व्यायाम जारी रखूंगा।'

2. मोटे होने का तनाव न पालें

चिंता या तनाव से आप इमोशनल ईटिंग की ओर जा सकते हैं। अक्सर हम मीठे या तले-भुने भोजन की ओर आकर्षित हो जाते हैं, जो वजन घटाने के लिए नुकसानदायक हो सकता है।

3. भोजन हो ऐसा, जिसे देखकर भूख लगे

आपका परोसा गया भोजन दिखने में भी सुंदर होना चाहिए। सलाद को नए तरीके से काटकर सजाएं, भोजन को सुंदर पात्रों में सजावट के साथ परोसें ताकि आप अपने भोजन को प्यार से खा सकें।

4. बचे भोजन को समाप्त न करें

हर खाने को अपना अंतिम भोजन न मानें, उसे फ्रिज में रखें। स्लिम लोगों से उनकी छरहरी काया का राज पूछें, आपको अपना जवाब मिल जाएगा। वे भूख लगने पर ही खाते हैं और पेट भरते ही प्लेट से हाथ खींच लेते हैं।

5. मन ललचाए तो ब्रश करें

कुछ खाने को मन ललचाए तो ब्रश कर लें। दांत साफ होने के अलावा इच्छा भी शांत होगी।

6. खाली पेट राशन लेने न जाएं

खाली पेट सुपर मार्केट न जाएं वरना आप ट्राली में ऐसा सामान भर

लेंगी, जो आपको नहीं लेना चाहिए इसलिए घर से निकलने से पहले कुछ खा लें।

7. भोजन का स्वाद लेना सीखें

धीरे-धीरे खाने से भोजन का पूरा स्वाद ले सकते हैं। भोजन पचाने में मदद मिलेगी व जरूरत से ज्यादा खाने से भी बचेंगे।

8. स्मार्ट फूड का करें चुनाव

पौष्टिक भोजन करें। पैक्ड व रिफाइंड फूड से बचें। रचनात्मक रूप से स्वादिष्ट, कम कैलोरी वाला भोजन स्वयं पकाएं।

9. ड्रिंक लेने से पहले सोचें

ड्रिंक लेते समय यह न भूलें कि आप खाली कैलोरी ले रहे हैं। कभी-कभी ड्रिंक एवं डाइट लेते हैं तो ड्रिंक चैप्टर पर नज़र मार लें।

10. पानी की कमी न होने दें

दिन में आठ गिलास पानी अवश्य लें। जलयुक्त भोजन भी वजन घटाने में सहायक होगा, जैसे-तरबूज, संतरा, अन्नानास, टमाटर व खीरा आदि।

7

वसा आपको मोटा बनाती है

चाहे कोई कुछ भी कहे, आप याद रखें : वसा आपको मोटा बनाती है। यह एक सादी बात है। वसा कैलोरी से भरपूर होती है और आप वजन तभी घटा सकते हैं, जब कैलोरी की मात्रा (लिए गए भोजन की मात्रा) को व्यय कैलोरी की मात्रा से कम लें।

मैं जानती हूं कि तला-भुना भोजन छोड़ना कितना मुश्किल होता है। एक कमजोर पल में, जलेबी आप पर हावी हो जाती है या लगता है कि एक पैकेट चिप्स खा लेने से दुनिया की सारी मुश्किलें हल हो सकती हैं। मेरा यकीन मानें, यह सच नहीं है, आप एक मीठा व रसदार फल खाकर भी उतना ही प्रसन्न हो सकते हैं।

जब भी आप पूरी की बजाय रोटी खाएं तो खुद को बधाई दें। एक बार कोशिश शुरू कर दी तो फिर मीठे व समोसों से पीछा छुड़ाना आसान होगा परंतु यहीं रुककर न बैठें। अपने-आप को ट्रैंडी एसेसरी का तोहफा दें। नया परफ्यूम लें। इनसे आपको प्रेरणा मिलेगी क्योंकि आपने केवल वसा को 'न' नहीं कहा बल्कि अपने लिए कुछ स्पेशल भी किया है।

इस अध्याय में आप जानेंगे कि किस तरह वसा की अधिक मात्रा आपके डाइट प्लान को चौपट कर सकती है।

एक ग्राम वसा नया कैलोरी के बराबर है जबकि एक ग्राम कार्ब या एक ग्राम प्रोटीन चार कैलोरी देते हैं।

आप देख सकते हैं कि प्रोटीन व कार्ब के मुकाबले वसा दुगनी से ज्यादा कैलोरी देती है। तभी तो डाइटर्स को वसा की अधिक मात्रा पर रोक लगाने को कहा जाता है। डाइट में वसा की सीमित मात्रा से कैलोरी की खपत घटेगी।

आप तेल, घी, मक्खन व मार्जरीन जैसी दिखने वाली वसा तो आसानी से पहचान सकते हैं पर हर तरह के भोजन में भी वसा की छिपी मात्रा होती है। चीज़ में 70 प्रतिशत तक दुग्ध वसा हो सकती है। ट्यूना या सार्डिन मछली में वसा की अधिक मात्रा होती है। एवोकाडो या ऑलिव जैसी सब्जियां भी वसायुक्त होती हैं।

वैसे डाइट में वसा भी चाहिए पर उसकी मात्रा सीमित रखें। डाइटर्स को प्रतिदिन की कैलोरी में से, वसा की खपत को दस प्रतिशत तक घटा देना चाहिए।

जब पूर्ति मांग से अधिक हो तो क्या होता है?

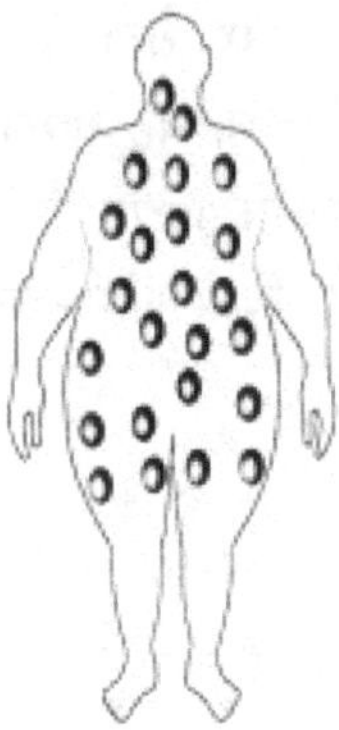

अगर आप पहले से भरे कार टैंक में पैट्रोल डालेंगे तो वह छलक जाएगा। इसी तरह अगर शरीर में रोज की खपत 1700 कैलोरी हो और आप उसे 2000 कैलोरी दें तो उसे 300 कैलोरी अतिरिक्त मिल रही है।

यह ओवरफ्लो वसा बनकर, वसा कोशिकाओं में जमा हो जाता है। यदि ज्यादा वसा लेते रहें तो वसा कोशिकाओं में फैलाव होने लगता है। उन कोशिकाओं में विस्तार के बाद, जब वसा ग्रहण करने की क्षमता नहीं रहती तो वे अतिरिक्त वसा के लिए और जगह बनाने लगती हैं।

वसा की मात्रा कम लेने से वसा कोशिकाएं सिकुड़ती तो हैं पर कभी मिटती नहीं। एक बार वसा कोशिकाएं बन जाएं तो उनकी संख्या कम नहीं होती।

प्र. क्या कैलोरी के हिसाब से सारे तेल व वसा एक से होते हैं?

उ. जी हां, हर प्रकार के तेल–मूंगफली, सूरजमुखी, सरसों, जैतून, तिल आदि में प्रति ग्राम नौ कैलोरी होती है। मक्खन व घी में भी यही होता है। यदि वजन घटाना हो तो वसा की मात्रा घटाकर दो छोटे चम्मच तक ले जाएं।

प्र. अच्छी व बुरी वसा क्या है? इसका क्या अर्थ है?

उ. मोनोसैचुरेटिड वसा अच्छी वसा का उदाहरण है जैसे–जैतून, मूंगफली व कनोला ऑयल। पादप स्रोतों से प्राप्त पोलीअनसैचुरेटिड वसा जैसे कॉर्न व सूरजमुखी भी अच्छे हैं। यदि इनका सीमित मात्रा में प्रयोग हो तो ये कालेस्ट्रॉल घटाते हैं व दिल के रोगों से रक्षा करते हैं।

आयुर्वेद घी लेने को प्रोत्साहित करता है। भारत में पारंपरिक रूप से घी में ही खाना पकता है। इसके अलावा मक्खन व स्थानीय कुकिंग ऑयल का प्रयोग हो तो भी मात्रा को सीमित ही रखें।

प्र. क्या सफेद ब्रेड के मुकाबले ब्राउन ब्रेड से ज्यादा मोटापा होता है?

उ. नहीं, यदि स्लाइस का आकार एक-सा है तो दोनों का कैलोरी मूल्य भी एक ही होगा। ब्राउन ब्रेड को अहमियत इसीलिए दी जाती है क्योंकि वह अनरिफाइंड फूड है, इसमें व्हीट जर्म व हस्क भी होता है। इस तरह यह विटामिन व फाइबर का अच्छा स्रोत बन जाता है। सफेद ब्रेड में पोषक तत्व नहीं होते व खाली कैलोरी होती है।

प्र. तेल मिलाए बिना भोजन में स्वाद कैसे आ सकता है?

उ. यह धारणा गलत है कि तेल से स्वाद आता है। आप तेल में मसाला भून सकते हैं और उसी से स्वाद आता है। दाल-सब्जी का अपना अनोखा स्वाद होता है, जिसे जीरो-कैलोरी मसाले से बढ़ा सकते हैं। एक भी बूंद तेल डाले बिना।

तथ्य परक बातें

एक चपाती में ९० कैलोरी होती हैं। यदि इस पर घी लगा दें तो कैलोरी की मात्रा दुगनी होकर १८० हो जाती है।

चपाती से घी, ब्रेड से मक्खन व कुकिंग से तेल को घटाने का क्या तरीका हो सकता है आइए, आपको दिखाएं–

फैट-फ्री जीरो-ऑयल काउंटडाउन मसाला

1. एक कड़ाही या नॉन-स्टिक पैन गर्म करें।
2. जीरा तड़का लें।
3. फिर कटा प्याज डालकर लगातार चलाएं। प्याज चिपकने लगे तो पानी का छींटे देकर चलाएं।
4. इसमें पिसा अदरक-लहसुन मिलाएं। मसाले को हल्का भूरा कर लें। ज्यादा पानी न डालें वरना मसाले में उबला स्वाद आ जाएगा।
5. अब टमाटर डालें व पानी के छींटे देकर गलाएं।
6. फिर दूसरे पिसे मसाले डालें–हल्दी, लाल मिर्च, धनिया व गर्म मसाला आदि।

7. सब कुछ भुन जाए व खुशबू आने लगे तो आपका मसाला तैयार है। सारी दाल-सब्जियों में इस्तेमाल करें। मसालों के प्रयोग में नवीनता ला सकते हैं। अपने व्यंजन को कटे हरे धनिये, हरी मिर्च, चाट मसाला व नींबू का रस छिड़क कर परोसें।

नॉन-स्टिक कुकवेयर

खाना पकाने के लिए नॉन-स्टिक बर्तनों का प्रयोग करें। इसमें कुछ बूंद तेल के साथ सब्जी पका सकते हैं। वही सब्जी सादे बर्तन में जल जाएगी।

फोर-वीक काउंटडाउन रोडमैप

आपकी डाइट डायरी

अप साइड	डाउन साइड
वीक 1 नए प्लान की उत्सुकता केवल एक डाइट मील	समायोजन का चरण भोजन पर स्व-नियंत्राण पूरी तरह से पेट न भरना
वीक 2 पेट भर के स्वस्थ नाश्ता सुबह उर्जा का अच्छा स्तर	नाश्ता छोड़ने वालों को समय निकालना चाहिए बिना सोचे-समझे स्नैक खाने का लालच थोड़ी कमी-सी महसूस होना
वीक 3 बार-बार स्नैकिंग अच्छा महसूस होना वजन घटने का एहसास	स्नैकिंग का उचित नियोजन डाइट के संकल्प में कमी कभी-कभी धोखा करना
वीक 4 प्लान पूरा होने को है इसका अंत समीप स्केल नतीजा बताएगा	कुछ खाने की इच्छा कभी-कभी प्लान छोड़ने का मन चौथे सप्ताह से अवास्तविक उम्मीदें

8

रात्रि भोजन का कार्यक्रम

दिन में खाएं आराम से, डिनर में करें कटौती

डिनर पहला काउंटडाउन मील है, जिसमें बदलाव लाना होगा। आपमें से कई पूछ सकते हैं कि डिनर में कटौती क्यों आवश्यक है? इसका भी एक बहुत अच्छा कारण है।

डिनर में पहले कटौती क्यों?

हकीकत यह है कि इस समय आपकी शारीरिक गतिविधि समाप्त हो जाती है। थकान की वजह से ऊर्जा का स्तर भी घटा होता है। इस समय आप स्वाभाविक रूप से, हर तरह के 'कंफर्ट फूड' को लपक लेना चाहते हैं।

आपमें से कइयों के लिए तो सूर्यास्त के बाद ही सामाजिक जीवन आरंभ होता है। हो सकता है कि आप क्लब में ड्रिंक के साथ शुरू करें या रेस्तरां में डिनर करें। आपमें से कई पारिवारिक समारोहों में जा सकते हैं, जहां भोजन ही हाईलाइट होता है तो आप इस लालच से कैसे पार पाएंगे? हालांकि डिनर के समय खान पान की कटौती करना आसान नहीं पर यह वजन घटाने के लिए बहुत अहमियत रखता है।

जरा सोचें कि जब आप भरपेट खाने के बाद सोते हैं तो इस अतिरिक्त कैलोरी को व्यय होने का कोई मौका नहीं मिलता और कमर के आस-पास चर्बी चढ़ने लगती है। रात को शरीर विश्रामावस्था में होता है। नींद के दौरान अतिरिक्त कैलोरी व्यय नहीं हो पाती इसीलिए वह वसा के रूप में एकत्र हो जाती है।

हालांकि इस बात को समझना इतना मुश्किल नहीं है कि वजन घटाना है तो डिनर में कटौती करें।

> ### आदत बनाने के लिए सात दिन
>
> *वैज्ञानिक रूप से यह तथ्य प्रमाणित हो चुका है कि किसी भी व्यक्ति को दिनचर्या में आने वाले बदलाव को स्वीकार करने में सात दिन का समय लगता है। इसके बाद वह एक आदत बन जाता है। मैंने भी फोर-वीक काउंटडाउन में सात दिवसीय चक्र को शामिल किया है ताकि आपको भी अपने नए डाइट प्लान की आदत हो जाए।*

मेरे लिए निजी रूप से डिनर टाइम की कैलोरी कुछ ऐसी ही है मानो किसी अच्छी फिल्म का अंत देखने को न मिले या किसी लुभावने समुद्र तट पर जाकर पता लगे कि वहां बारिश हो रही है।

यदि आपको डिनर के समय कटौती करना कठिन लगता है तो मेरी सहानुभूति आपके साथ है। मुझे भी ऐसा ही लगता था। एक संयुक्त भारतीय परिवार में, रात का खाना किसी पारिवारिक दावत से कम नहीं होता। मेरी मां एक अच्छी कुक थीं; उन्होंने ही हमारे भीतर अच्छे भोजन के लिए लगाव पैदा किया और हमारे डिनर वास्तव में दर्शनीय होता।

प्रतिदिन नए-नए व्यंजन पकते व हम नए-नए तरीकों से स्वाद लेते। कॉन्टीनेंटल, भारतीय, थाई, स्पेनिश, इटालियन, मोरक्कन! बस नाम लेने की देर होती और हम अपने नए व्यंजन के आखिरी ग्रास तक का स्वाद लेने को तत्पर दिखते।

फिर पूरे परिवार का एक साथ बैठना भी किसी आकर्षण से कम नहीं था। सभी मिलकर डिनर के समय गप्पे लगाते और हर दिन एक उत्सव हो जाता।

पर धीरे-धीरे यही एक समस्या बन गया और वजन बढ़ता गया। अब हम वजन को काबू रखते हुए खाने का अभ्यास जारी नहीं रख पा रहे थे। कुछ तो छोड़ना ही था। पहले तो मेन्यू तैयार करते समय हमारे दिमाग में कैलोरी शब्द तक नहीं आता था इसीलिए हमें सजग रूप से निर्णय लेना पड़ा कि भोजन तो उतना ही स्वादिष्ट होगा पर अब कैलोरी के हिसाब से खाया जाएगा।

आज भी मेरी मां उतना ही स्वादिष्ट भोजन परोसती हैं पर हम मक्खनयुक्त सॉस व क्रीम वाली ग्रेवी नहीं खाते। हम अब भी अपने व्यंजनों का भरपूर स्वाद लेते हैं। मेन्यू स्वादिष्ट तो उतने ही हैं पर पहले से कहीं हल्के व संतुलित हो गए

हैं। हां, यह भी कहना चाहूंगी कि अब भी गप्पों का दौर वैसे ही चलता है।

फोर-कोर्स संतुलित डिनर प्लान

आपका फोर-वीक काउंटडाउन डिनर मात्रा व अतिरिक्त वसा को नियंत्रित करने से जुड़ा है पर इसके लिए आपको भूखे रहने की आवश्यकता नहीं है। आपका डिनर तो काफी सारे पोषक तत्वों, विटामिन, कार्ब, प्रोटीन व वसा की सीमित मात्रा से भरपूर होगा।

मैं आपसे आग्रह करती हूं कि वांछित परिणाम पाने के लिए डाइट का पूरी तरह से पालन करें। याद रखें कि जिस तरह खाएंगे, वैसे ही परिणाम पाएंगे।

फोर-वीक काउंटडाउन डिनर के दौरान, नियमित रूप से, रात नौ बजे से पहले खा लें (ताकि आपको भरपेट न सोना पड़े)। तयशुदा मात्रा से अधिक न खाएं व साथ ही किसी कोर्स को अधूरा भी न छोड़ें। चाहे थर्ड कोर्स के बाद पेट भरा क्यों न लगे, पूरा डाइट प्लान लेना अनिवार्य है। इस तरह आधी रात को फ्रिज खोलकर कुछ खाना नहीं पड़ेगा।

हम चाहते हैं कि फोर-कोर्स डिनर प्लान लेने के बाद आपको पेट ठूंसा महसूस न हो बल्कि संतुष्टि का एहसास हो।

तरल पदार्थ, और अधिक तरल पदार्थ, ठोस व थोड़ी-सी खाली जगह !

डिनर के दौरान भरपेट तरल पदार्थ लें क्योंकि आप जो फाइबर लेंगे, उसे भी पर्याप्त मात्रा में तरल चाहिए। भोजन की मात्रा व गुणवत्ता के अलावा यह भी बहुत महत्त्व रखता है कि पेट में थोड़ी खाली जगह बची रहे। इससे पाचक रसों को अपना काम करने में आसानी होगी।

1/4 तरल पदार्थ   1/2 ठोस   1/4 खाली

पहले फाइबर व तरल पदार्थ, भूख को मिटाने में सहायक होंगे व मेन कोर्स तक आते-आते पेट भरा महसूस होगा। इस तरह आपके लिए मेन कोर्स मेन्यू में नियंत्रित पोर्शन के साथ रहना आसान होगा। पहले-पहल तरल की अतिरिक्त मात्रा लेना मुश्किल होगा पर फिर आपको इसकी आदत हो जाएगी।

> *लोकप्रिय मान्यता से विपरीत, पानी पाचकरसों को हल्का नहीं बनाता। रात को सोने से दो घंटे पहले भोजन कर लें।*

डिनर फार्मूला

1. स्टार्टर सिप्स
2. न्यूट्री बाउल
3. फाइबर फिलर
4. डाइट प्लान के अनुसार मेन कोर्स प्लान मीडियम, मैक्सिमम व मिनीमम।

याद रखें कि मेन कोर्स डिनर आरंभ करने से पहले आपको तीन मिनी कोर्स लेने होंगे–स्टार्टर सिप्स, न्यूट्री बाउल व फाइबर फिलर।

ये न्यूट्रीशन बूस्टर का काम करते हैं व आपका पेट भरा रखते हैं।

असीमित स्टार्टर सिप्स

यह याद रखें कि इनमें कैलोरी तो नाममात्र ही होती है, खाने से पहले भरपूर मात्रा में तरल पदार्थ लें। ये तरल पदार्थ ऐसे हों, जिन्हें पचाना आसान हो। इससे पेट भरेगा व हाजमे में आसानी होगी व पेट गियर में आ जाएगा।

स्टार्टर सिप्स (असीमित)

नारियल पानी

या

क्लियर सूप–वैज स्टॉक का क्लियर सूप

या

हर्बल चाय–हरी, दालचीनी, पुदीना, अदरक या जैस्मिन

या

ताजा नींबू पानी (नमकीन)

या

मूंग पानी

या

रसम

या

जीरा पानी

या

चिकन बुलियन सूप

(इस अध्याय के अंत में, इन्हें बनाने की जानकारी लें।)

न्यूट्री बाउल : यह एक ऐसा व्यंजन है, जिसमें खाना-पीना दोनों ही हो जाएंगे व सर्विंग एलाउंस भी बना रहेगा। इस कोर्स में सूप होगा जिसमें नूडल्स, चावल या पास्ता शामिल नहीं होंगे। यह वैजी जूस या लो-कैल बटर मिल्क हो सकता है। यह पहले कोर्स से भारी होगा व पाचक तरल पदार्थ के बाद लिया जाएगा। यह विटामिन, मिनिरल, प्रोटीन का मेल होगा, जिसमें वसा का कोई काम नहीं होगा। हर रोज़ न्यूट्री बाउल आपको विविध स्वाद दे सकता है।

तथ्य परक बातें

शोध से पता चला है कि मेन मील से पहले सूप पीने वाले लोग, सूप न पीने वालों की तुलना में 100 कैलोरी कम लेते हैं। अपने वजन पर नजर रखने वालों ने भी माना है कि सूप उनके डाइट प्लान में काफी सहायक रहा।

न्यूट्री बाउल : 2 कटोरी (1 कप)

सूप-ठंडा या गर्म

या

वैज जूस

या

बटर मिल्क-1/2 कटोरी (1/4 कप) स्किम्ड दही लें

या

पतली कढ़ी-1/2 कटोरी (1/4 कप) स्किम्ड दही लें

या

एग ड्रॉप सूप

(अध्याय के अंत में न्यूट्री बाउल व्यंजन देखें।)

फाइबर फिलर : आपका तीसरा कोर्स, फाइबर फिलर आपको फाइबर व नमी से भरपूर फिलर देगा। रसेदार सब्जी, फल, अंकुरित अनाज, क्रंची सलाद के बारे में सोचें। इसे धीरे-धीरे चबाकर खाना चाहिए क्योंकि हाजमें की प्रक्रिया आपके मुंह से ही आरंभ हो जाती है।

इससे पोषक तत्वों के पाचन में आसानी होगी। धीरे-धीरे खाने से लगेगा कि आप काफी खा रहे हैं व साथ ही भरपूर स्वाद भी मिलेगा।

दूसरा बोनस है कि इस कोर्स में कैलोरी की मात्रा सीमित होती है। इसे चाट-मसाला, काला नमक, काली मिर्च या नींबू निचोड़कर खाएं। कुछ विकल्पों पर नजर मारें–

फाइबर फिलर : 2 कटोरी (1 कप)

2 कटोरी (1 कप) वैज सलाद–टमाटर, खीरा, गाजर, सेलेरी, सलाद पत्ता
या
2 कटोरी (1कप) फ्रूट सलाद–संतरा, सेब, मौसमी, नाशपाती, पपीता
या
2 कटोरी (1कप) फल व वैजी सलाद–सेब, सेलेरी, सलाद पत्ता, मौसमी।
(अध्याय के अंत में इसके व्यंजन देखें।)

मेन कोर्स

हो सकता है कि आपने कभी फाइबर व न्यूट्री बाउल के बारे में गंभीरता से न सोचा हो। अगर इनसे ही पेट भर गया हो तो मेन कोर्स में जाने से पहले एक गहरी सांस लें। आप चाहें तो इन्हें थोड़े-थोड़े ब्रेक के बाद भी खा सकते हैं। पूरे डिनर कोर्स का लुत्फ लें, इसे सजा मानकर न खाएं।

मेन कोर्स तक आते-आते पेट भरने लगेगा। इस तरह आपको यह नहीं लगेगा कि खाने के लिए जरा-सी मात्रा ही मिल रही है। आप अपने प्लान के हिसाब से मेन कोर्स डिनर लें।

मेन कोर्स डिनर

यह काउंटडाउन मेन कोर्स डिनर तीन विविध खाद्य समूहों में बंटा है–

1. सीरीयल
2. फल व सब्जियां
3. प्रोटीनयुक्त भोजन

1, 2, 3 याद रखने से ज्यादा आसान क्या हो सकता है?

आपके काउंटडाउन के किसी भी बिंदु पर मेन्यू 1, 2, 3 के बिना पूरा नहीं होता। यही आपको याद दिलाता है कि आपने तीन खाद्य समूहों को शामिल किया है या नहीं। अगर आप 1, 2, 3 खाद्य समूह ले रहे हैं तो इस बात से कोई फर्क नहीं पड़ता कि आप घर से बाहर दोस्तों के साथ खा रहे हैं या अकेले।

अपने हर भोजन के लिए 1, 2, 3 फार्मूला अपनाएं। 1, सीरीयल है, जो ऊर्जा देगा। 2, फल व सब्जियों से विटामिन व मिनिरल मिलेंगे। 3, प्रोटीनयुक्त भोजन से शरीर के उत्तकों के रख-रखाव के लिए प्रोटीन मिलेगा। मैंने प्रत्येक काउंटडाउन मील में संतुलित पोषण पाने के लिए 1, 2, 3 फार्मूला विकसित किया है।

इसके अलावा आप डिनर में किसी भी तरह की वसा का 1/2 छोटा चम्मच ले सकते हैं। यह आपका मनपसंद तेल, मक्खन, घी या क्रीम हो सकता है।

आप भी सोच रहे होंगे कि 1, 2, 3 फार्मूला इतने मायने क्यों रखता है? उन लोगों को देखें जो क्रेश डाइट पर हैं। आपने उनकी आंखों के काले घेरे या बदरंग त्वचा देखी? क्या सुन्न पड़ने या बाल गिरने की शिकायतें सुनी? काउंटडाउन के साथ ऐसी कोई समस्या नहीं होगी। 1, 2, 3 को ढेरों धन्यवाद!

याद रखें

आप जितना वजन घटाना चाहें, उसी के हिसाब से डिनर मेन कोर्स चुनें व मेरे तीनों प्लानों को देखें। परिशिष्ट 'व' से जानें कि 'एक सर्विंग क्या होती है?' इससे आपको प्लान के हिसाब से अपने स्लाइंस का पता चलेगा।

अधिक जानकारी के लिए परिशिष्ट देखें।

प्लान मिनीमम डिनर

डिनर फार्मूला–

1. स्टार्टर सिप : असीमित
2. न्यूट्री बाउल : 2 कटोरी (1 कप)
3. फाइबर फिलर : 2 कटोरी (1 कप)
4. 1, 2, 3 मेन कोर्स निम्नलिखित हैं–

(i) सीरीयल : 1/2 सर्विंग

1 छोटा फुल्का

या

1 छोटा स्लाइस (किसी भी सीरीयल से बना)

या

1/2 कटोरी मनपसंद पका सीरीयल (चावल, पास्ता, पोहा, रवा)

+

(ii) फल व सब्जियां 1 सर्विंग

1 कटोरी मनपसंद (थोड़े आलू, फ्रूट, जैम, केला)

+

(iii) प्रोटीनयुक्त भोजन : 1 सर्विंग

1 कटोरी मूंग दाल या अंकुरित

या

(iv) क्यूब लो-फैट पनीर/फीटा चीज़/ टोफू (1 कटोरी लो-फैट दही)

या

1 मध्यम आकार में सफेद मीट का टुकड़ा (चिकन, टर्की ब्रेस्ट/फिश)

या

2 अंडों की सफेदी

प्लान मीडियम डिनर

4 किलो तक वजन घटाने वाले पुरुषों व 5 से 10 किलो तक वजन घटाने वाली महिलाओं के लिए।

डिनर फार्मूला–

1. स्टार्टर सिपः असीमित
2. न्यूट्री बाउल : 2 कटोरी (1कप)
3. फाइबर फिलर : 2 कटोरी (1कप)
4. 1, 2, 3 मेन कोर्स (नीचे दिया गया है)

(i) सीरीयल : 1 सर्विंग

2 छोटे फुल्के/1 बड़ी रोटी/1 बड़ी ब्रेड स्लाइस (किसी भी सीरीयल से बनी)

या

1 कटोरी पका मनपसंद सीरीयल (चावल, पास्ता, पोहा, रवा)

\+

(ii) फल व सब्जियां 1 सर्विंग

1 कटोरी मनपसंद (थोड़े आलू, जैकफ्रूट, यैम, केला, आम)

\+

(iii) प्रोटीनयुक्त भोजन 1 सर्विंग

1 कटोरी मूंग दाल या अंकुरित

या

(iv) क्यूब लो-फैट पनीर/फीटा चीज़/टोफू/1 कटोरी लो-फैट दही

या

1 मध्यम आकार में सफेद मीट का टुकड़ा (चिकन, टर्की ब्रेस्ट या फिश)

या

2 अंडों की सफेदी

प्लान मैक्सिमम डिनर

5 किलो से अधिक वजन घटाने वाले पुरुषों व 11 किलो से अधिक वजन घटाने वाली महिलाओं के लिए।

डिनर फार्मूला :

1. स्टार्टर सिप : असीमित
2. न्यूट्री बाउल : 2 कटोरी (1 कप)
3. फाइबर फिलर : 2 कटोरी (1 कप)
4. 1, 2, 3 मेन कोर्स डिनर (नीचे दिया गया)

(i) सीरीयल 1 सर्विंग

2 छोटे फुल्के/1 बड़ी रोटी/ 1 बड़ा ब्रेड स्लाइस (किसी भी सीरीयल से बनी)

या

1 कटोरी मनपसंद पका सीरीयल (चावल, पास्ता, पोहा, रवा)

+

(ii) फल व सब्जियां 1 सर्विंग

1 कटोरी मनपसंद (थोड़े आलू, जैकफ्रूट, यैम, केला)

+

(iii) प्रोटीनयुक्त भोजन 2 सर्विंग

2 कटोरी मूंग दाल या अंकुरित

या

8 क्यूब लो-फैट पनीर/फीटा चीज़/टोफू/2 कटोरी लो-फैट दही

या

2 मध्यम आकार में सफेद मीट के पीस (चिकन, टर्की ब्रेस्ट या फिश)

या

4 अंडों की सफेदी

यदि आप अब भी भूखे हैं, तो?

पहले-पहल सीमित भोजन की मात्रा से पेट नहीं भरेगा। यदि मेन कोर्स के बाद भी भूख महसूस हो तो आप एक और न्यूट्री बाउल या फाइबर फिलर ले सकते हैं या इन्हें और भी दोहरा सकते हैं, अतिरिक्त सीरीयल खाने से तो यह कहीं बेहतर होगा। खाने के बाद मेन के आसपास न मंडराएं, हो सकता है कि आप कुछ और फालतू खाते रहें।

याद रखें: हल्की भूख लगते रहना स्वाभाविक है। पेट को एक चौथाई (1/4) खाली रहने दें ताकि हजम करने में आसानी हो। फिर धीरे-धीरे आपको आदत हो जाएगी।

तथ्य परक बातें

आपका पेट गुब्बारे की तरह है। कम खाएंगे तो डाइट के 3 से 4 सप्ताह में ही वह सिकुड़ने लगेगा। फिर भूख भी ज्यादा नहीं लगेगी व पेट भी जल्दी भरेगा।

डिनर के बाद क्या हो?

वैसे तो रात को सोने से दो घंटे पहले डिनर ले लेना चाहिए पर कभी-कभी बैड टाइम स्नैक की भी तड़प पैदा हो जाती है। काउंटडाउन में इसकी इजाजत नहीं, इससे सारा डाइट प्लान चौपट हो जाएगा।

वैसे अगर सचमुच खाए बिना रहा न जाए तो उसके लिए कुछ विकल्प प्रस्तुत है; जैसे–

इलायची, दालचीनी, सौंफ, चीनीरहित गम या चाय ले लें।

कुछ खाने या चबाने से भूख शांत होगी व ये पाचन में भी सहायक होंगे।

डिनर में विविधता

थ्री इन वन डिनर :
स्टार्टर सिप के साथ रहें व बाकी भोजन को मिला दें।

कई बार समय की कमी हो तो स्टार्टर सिप पूरा लें व बाकी तीनों का मेल कर दें। यहां सबकी मात्रा तो उतनी ही रहेगी पर आप इसे एक स्वादिष्ट व्यंजन में बदल देंगे। (अध्याय के अंत में ऐसे व्यंजन देखें।)

बाहर खाना खाने जाना

बेशक बाहर खाना खाने की संख्या सीमित करनी होगी। हालांकि किसी दोस्त के साथ या पारिवारिक भोज में खाना पड़ सकता है पर आप स्वयं ऐसा न करें। आप मेन्यू को नियंत्रित नहीं कर पाएंगे व दूसरों की तरह कुछ-न-कुछ खाते रहेंगे।

अगर रेस्तरां जाना भी पड़े तो थोड़ा संभलें। याद रखें कि डीप फ्राई, डेजर्ट या साफ्ट ड्रिंक नहीं लेने।

हल्की व भाप में पकी डिशेज लें, उनके साथ हैवी सॉस या ग्रेवी न लें।

टिप : खाना खत्म होते ही प्लेट उठवा दें वरना आप सामने पड़े भोजन से कुछ-न-कुछ खाते रहेंगे।

काउंटडाउन आपकी जीवनशैली के लिए काम करता है। आपमें से जो लोग देर रात की दावतें करते हैं, उनके लिए मैंने एक प्लान बनाया है। पार्टी में जाने से पहले कुछ खा के जाएं। आप स्टार्टर सिप व न्यूट्री बाउल तो घर

में ही ले सकते हैं। पार्टी में मेन कोर्स डिनर ले लें। इस तरह आप भोजन की सीमित मात्रा का पालन कर पाएंगे।

भूखी गृहिणी का मामला

मेरी एक सहेली रेखा काले, मेरे पास सलाह लेने आई। रेखा हर तरह का डाइट डिनर आजमा चुकी थी–सूप व सलाद डाइट, हाई प्रोटीन डाइट, लो–कार्ब डाइट, नो–कार्ब डाइट व यहां तक कि भूखा रहना भी, पर वह तो पहले से भी ज्यादा खाने लगी और फिर एक ही घंटे बाद, उसे फिर से भूख लगने लगती।

रेखा के लिए बेस्ट कोर्स क्या है?

रेखा अपने शरीर की बात सुने बिना वजन घटाने की कोशिश कर रही थी। ऐसा कोई भी डाइट प्लान जो किसी खास समूह को न लेने की हिदायत दे या अनिवार्य पोषक तत्वों पर रोक लगाए, वह शरीर को संतुलित डाइट नहीं दे सकता और शरीर वैसे ही भोजन की मांग करने लगता है।

मैंने रेखा से कहा कि पहले वह बैठकर एक लंबी सांस ले। मैंने उसे बताया कि शरीर की पोषण संबंधी मांग पूरी करना कितनी अहमियत रखता है। उसे एक ऐसा मेन्यू चाहिए था, जिसमें सभी पोषक तत्व संतुलित मात्रा में हो।

रेखा अपने भोजन से सब कुछ भरपूर मात्रा में न पाने के कारण ही कैंडी व चॉकलेट खाती थी जिससे उसके ब्लडशुगर व सीटोटॉनिन स्तर में तेजी आ जाती। इससे कुछ समय के लिए तो ठीक लगता पर फिर अचानक ऊर्जा का स्तर गिर जाता।

उसके लिए जरूरी था कि वह डाइट प्लान में सीरीयल को शामिल करे। इससे कार्ब लेने की इच्छा शांत हो जाती। डाइट में कांपलैक्स कार्ब लेने से उसे रात भर भूख का एहसास न होता।

रेखा ने प्लान का पालन किया तो रातों को भूख की वजह से उठने की बजाय भरपूर नींद लेने लगी। उसने छः माह में फालतू वजन घटा लिया व खान पान की स्वस्थ आदतें भी अपनाईं।

ब्लॉटिंग बैंकर का मामला

मिश्रा अंकल का मामला भी काफी रोचक है। मेरे पिता के पुराने मित्रों में

से एक, मिश्रा जी को प्राय: माह में कई बार बिजनेस डिनर लेने पड़ते। वे लेट डिनर व रेस्तरां के खाने से तंग आ गए थे। इससे पेट में अफारा हो जाता व सारी रात बेचैनी रहती। इसकी वजह से कमर भी काफी मोटी होती जा रही थी।

मिश्रा अंकल अपनी सहायता कैसे कर सके?

उन्होंने अपनी समस्या को पहचाना, यह पहचान ही समाधान का पहला कदम होती है। मैंने उन्हें घर की बनी रोटी-सब्जी खाने की दावत दी व साथ ही थोड़ी-सी व्यावहारिक सलाह भी दी।

बस उन्हें यही करना था कि जब भी बाहर खाएं तो 4 कोर्स डिनर प्लान अपनाएं। वे हर्बल चाय से शुरू करते, फिर वैज सूप व क्रंची सलाद के बाद संतुलित मेन कोर्स खाते।

कभी-कभी मेनकोर्स के बाद भूख लगती तो उन्हें चाट-मसाले वाला सलाद खाने की अनुमति थी।

धीरे-धीरे वे इस डाइट के आदी हो गए। वे बड़े आराम से दूसरों का साथ देते। भोजन से अफारा भी नहीं होता था क्योंकि वे पेट का एक-चौथाई हिस्सा हाजमे के लिए खाली रखते।

उनकी कमर की फालतू चर्बी छंट गई। उन्होंने मुझे दिल से आशीर्वाद देने के साथ-साथ दोषी भी ठहराया कि मेरी वजह से उन्हें नया वार्डरोब बनवाना पड़ा।

अक्सर लोगों के मन में डिनर से जुड़े कई सवाल आते हैं। मेरे ग्राहक कई जायज व बेतुके सवाल पूछते हैं। ऐसे ही कुछ सवालों के जवाब प्रस्तुत हैं–

प्र. मैंने सुना कि रात को कार्ब नहीं लेने चाहिए। क्या यह सच है?

उ. नहीं, यह एक भ्रांत धारणा है। आपको यह जानकर हैरानी होगी कि आपके तकरीबन खाद्य-पदार्थों में कार्ब होता है, जैसे–दूध, सीरीयल, सब्जियां, फल व दालें। केवल मांस, मछली व अंडे कार्ब-फ्री हैं। आपको प्रोटीन व कार्ब युक्त संतुलित डाइट लेनी होगी। आपकी डाइट में 55-60 प्रतिशत तक कार्ब होना चाहिए क्योंकि यह शरीर के लिए प्रमुख ऊर्जा स्रोत है।

यदि इनकी अधिक मात्रा लेंगे तो वे वसा के रूप में एकत्र होंगे। इनकी अधूरी मात्रा से ब्लडशुगर का स्तर घट सकता है, जिसे हाइपोग्लारसीमिया कहते हैं।

वसा कैलोरी की तुलना में कार्ब या प्रोटीन कैलोरी की तुलना :

1 ग्राम कार्ब/1 ग्राम प्रोटीन = 4 कैलोरी प्रति ग्राम

1 ग्राम वसा = 9 कैलोरी प्रति ग्राम

क्या आप जानते हैं ?

फल व सब्जियां कार्ब-युक्त खाद्य पदार्थ हैं व पोषक तत्वों से भरपूर हैं क्योंकि इनमें फाइबर, अनिवार्य विटामिन व मिनिरल की भी भरपूर मात्रा होती है।

प्र. क्या वजन घटाने के लिए, रात को सात बजे के बाद नहीं खाना चाहिए?

उ. यदि सात बजे के बाद कुछ नहीं खाएंगे तो दस बजे भूख लग जाएगी। यह एक गैर-व्यावहारिक प्लान है। इसी समय लोग काम से लौटते हैं व आते ही डिनर पर फोकस करना संभव नहीं है।

रात को सोने से दो घंटे पहले डिनर ले लें ताकि आपको भरे पेट न सोना पड़े हालांकि कभी-कभी नियम तोड़ना पड़ता है पर कोशिश यही हो कि आप अपनी काउंटडाउन के हिसाब से चलें।

इन्हें फ्रिज पर लिखकर चिपकाएं

1. डिनर के फौरन बाद ब्रश करें ताकि स्नैक खाने को मन न ललचाए।
2. डिनर से पहले स्वयं से कहें, मैं इस डाइट प्लान के साथ सफल रहूंगी और मुझमें सफल होने की दृढ़ इच्छाशक्ति है।
3. वजन घटाने की प्रेरणा को लाल स्याही से लिखें व ऐसी जगह टांगे जहां से हमेशा दिखता रहे।
4. खाने के बाद कोई रोचक गतिविधि खोज लें (बच्चों के साथ शतरंज या नेट पर फेस बुक)।
5. यदि भूख के मारे नींद न आए तो एस. ओ. एस. विकल्प लें।
6. फ्रिज पर लिखकर लगाएं-डिनर के बाद बंद रहेगा।
7. दिन में छः से ज्यादा गिलास पानी नहीं पी सके तो अब पी लें।
8. ऐसे दोस्तों व पारिवारिक सदस्यों की बातों में न आएं जो कहते हैं, "तुझे खाना पड़ेगा, ये मेरा जन्मदिन है" या "यार! ले ले, एक पूरी से कुछ नहीं होता।" सच एक पूरी से भी फर्क पड़ सकता है।

9. लेट-नाइट शो देखते समय मनपसंद स्नैक न खाएं।

10. अपने एस. ओ. एस. स्नैक को हमेशा आसपास ही रखें।

डिनर के व्यंजन

1 कटोरी = 1/2 कप = 100 मि.ली.

2 कटोरी = 1 कप = 200 मि.ली.

स्टार्टर सिप रेसिपीज

एलाउंस–असीमित

चिकन बुलियन सूप 8 कटोरी (4 कप)

अपने अनूठे स्वाद के साथ हल्का चिकन स्टॉक सूप

सामग्री :

1 मध्यम आकार का ब्रायलर चिकन

3-4 तेजपत्ते

2-3 कली लहसुन

8 कटोरी पानी

नमक स्वादानुसार

नींबू के कतलें (चाहें तो)

विधि

ब्रायलर धोकर स्किन उतारें। कुकर या पैन में 4 कप पानी, तेजपत्ता, लहसुन व नमक डालकर उबालें। तब तक पकाएं, जब तक मीट हड्डी से उतर न जाए। जब पक जाए तो चिकन को बुलियन सूप से निकालें। शोरबा छान लें। चाहें तो बुलियन सूप पीते समय नींबू का रस मिला सकते हैं।

नोट : चिकन से हड्डी निकालें व इसे चिकन सलाद बेक्ड डिश, पास्ता के साथ या सैंडविच विद मस्टर्ड में इस्तेमाल करें।

मॉडीफाइड टोमैटो रसम :

हल्की रसम के लिए तुअर दाल की जगह मूंग दाल डालें। इसका भी गजब का स्वाद होता है।

सामग्री :

4 कटोरी मूंग दाल का पानी	1/4 छोटा चम्मच उड़द दाल (चाहें तो)
2 छोटे चम्मच रसम पाउडर	थोड़े कड़ी पत्ते
2 बड़े पके टमाटर	1 चुटकी हींग
	1 गुच्छी धनिया पत्ती

विधि

मूंग की दाल से 4 कटोरी पानी निथार लें। टमाटर के बड़े टुकड़े काटकर मिलाएं। एक पैन में उबाल दिलाने के बाद रसम मसाला मिलाएं।

टमाटर नरम हो जाएं तो उड़द दाल, कढ़ी पत्ते व हींग का बघार दें। (बिना घी के भी बघार सकती हैं।

कटे धनिये से सजाकर, गर्म परोसें।

पुदीना जीरा पानी 8 कटोरी (4 कप)

कुछ टैंगी खाने का मन है तो यह ड्रिंक ठीक रहेगा।

सामग्री

8 कटोरी पानी	1 छोटा चम्मच भुना-पिसा जीरा
4 छोटे चम्मच इमली का गूदा	1/2 छोटा चम्मच काला नमक
4 छोटे चम्मच नींबू का रस	थोड़ा पुदीना पत्ती (सजावट के लिए)
1 छोटा चम्मच ताजा-पिसा अदरक	

विधि

इमली के गूदे को छानें व पुदीना पत्ती को छोड़कर, बाकी सब पानी में मिलाएं, अच्छी तरह चलाएं। दो घंटे फ्रिज में रखें। फिर छन्नी से छानें। बारीक कटी पुदीना पत्ती मिलाएं। यदि चाहें तो चिल्ड पीएं।

मूंग वाटर 8 कटोरी (4 कप)

हल्के नटी मूंग स्वाद का हल्का-सा ड्रिंक। चाहें तो हल्दी भी न डालें। बस भुने जीरे से स्वाद दें।

सामग्री

2 कटोरी साबुत हरी मूंग दाल	1 चुटकी हल्दी
8 कटोरी पानी	नमक स्वादानुसार

विधि : मूंग दाल को हल्दी व पानी के साथ कुकर में पकाएं। फिर पकी दाल से पानी निथार लें। हल्का गुनगुना पीएं (बाकी दाल को डिनर में पकाएं)

पुदीना-तुलसी चाय 4 कटोरी (2 कप)

गले व पेट का रामबाण काढ़ा

सामग्री

1-2 छोटी टहनी पुदीना पत्ती 8 कटोरी पानी

1-2 छोटी टहनी तुलसी

विधि

पुदीना व तुलसी पत्ती धो लें। फिर 8 कटोरी पानी में उबालें। जब पानी आधा रह जाए तो आंच से उतारें। छानकर गर्म पीएं।

लैमन ग्रास टी 6 कटोरी (3 कप)

गर्मागर्म, ताजी खुशबूदार चाय के क्या कहने!

सामग्री

1 कटोरी लैमनग्रास, कटी 1'' ताजा अदरक

2 लौंग व 2 इलायची (दरदरी, चाहें तो) 8 कटोरी पानी

विधि

सारी सामग्री 8 कटोरी पानी में डालें। धीमी आंच पर 5 मिनट तक उबलने दें। फिर छानकर गर्म पीएं।

न्यूट्री बाउल रेसिपीज

एलाउंस–2 कटोरी (1 कप)

मिक्सड वैज सूप 8 कटोरी (4 कप)

स्वादिष्ट मिक्स वैजी सूप, इसमें अलग अनुपात से भी सब्जियां मिला सकते हैं। निर्भर करता है कि फ्रिज में क्या है?

सामग्री

1 मध्यम पीला कद्दू 1 प्याज

1 मध्यम सफेद कद्दू 6 कटोरी पानी

1 मध्यम गाजर नमक स्वादानुसार

3-4 फूलगोभी मनपसंद हर्ब्स

1 गुच्छी पालक पत्ते

विधि

सब्जियां धोकर काटें। बर्तन में पानी उबालें व सब्जियां मिला दें। हल्की नरम होने तक पकाएं। ठंडी करके मिक्सर में पीसें। फिर इस प्यूरी में सब्जियों

को छानकर पानी मिला दें।

इसे बर्तन में डालें। ऑरीगेनो, बेसिल, काली मिर्च व मनपसंद हर्ब्स मिलाएं। चाहें तो ताजा धनिया मिलाएं। गर्म परोसें।

पुदीना व धनिया लस्सी 8 कटोरी (4 कप)

एक ऐसा रिफ्रेशर, जो सचमुच आपकी प्यास बुझाएगा।

सामग्री

4 कटोरी लो-फैट दही | 1 छोटा चम्मच कटी पुदीना पत्ती
4 कटोरी पानी | 1 छोटा चम्मच कटी धनिया पत्ती
1/4 छोटा चम्मच अदरक पेस्ट | चाट मसाला (चाहें तो)
1/4 छोटा चम्मच, भुना-पिसा जीरा | नमक स्वादानुसार

विधि

दही, चाट मसाला, जीरा पाउडर, अदरक व नमक को एक मिक्सर में मिलाएं। लस्सी में कटा धनिया व पुदीना मिलाएं। चाहें तो पानी/आइस क्यूब मिलाएं। लंबे गिलास में पलटें व पुदीना पानी से सजाएं। चिल्ड परोसें।

मॉडीफाइड गुजराती कढ़ी

पारंपरिक कढ़ी में थोड़ा-सा बदलाव, स्वाद वही, बस वसा में कमी।

सामग्री

3 कटोरी खट्टा लो-फैट दही | (तड़के के लिए)
2 बड़े चम्मच पीली मूंग दाल का आटा | 1'' दालचीनी का टुकड़ा
5 कटोरी पानी | 5 लौंग
1'' अदरक का टुकड़ा, बारीक कटा | 1/2 छोटा चम्मच सरसों के दाने
2-3 कढ़ी पत्ते | 1/2 छोटा चम्मच मेथी के दाने
1/4 कटोरी धनिया पत्ती | 1/2 छोटा चम्मच जीरा
2 हरी मिर्च, लंबाई में कटी | 1/2 छोटा चम्मच हींग
नमक स्वादानुसार

विधि

दही, मूंग दाल आटे को मिला लें व पानी डालें। ध्यान रहे कि गांठें न आएं। फिर कटा अदरक व नमक मिला दें। इस मिश्रण को धीमी आंच पर उबालें व गांठें न पड़ने दें।

लंबाई में कटी हरी मिर्च व धनिया काटकर रखें। सरसों, जीरा, दालचीनी, लौंग, मेथी व कढ़ी पत्ते को सूखा भून लें। यदि जलने लगे तो थोड़ा पानी मिलाएं। इस भुने तड़के को उबलती कढ़ी में डाल दें।

कढ़ी को हरे धनिये से सजाकर, चावल एलाउंस के साथ परोसें।

ताजा टोमैटो सूप 8 कटोरी (4 कप)

पके टमाटर लाइसोपीन के कारण अच्छी सब्जी की श्रेणी में आता है। हालांकि ये एसीडिक हो सकते हैं। ताजी सेलेरी इनके असर को घटाएगी।

सामग्री

10 ताजे, पके लाल टमाटर	6 कटोरी पानी
1 मध्यम आकार का प्याज	नमक व काली मिर्च स्वादानुसार
2-3 गुच्छी सेलेरी	ताजी तुलसी पत्ती

विधि : सब्जियों को पानी में नरम होने तक उबालें। मिश्रण ठंडा होने पर छननी से छान लें। छलनी में छिलके व बीज रह जाएंगे।

फिर छने हुए सूप को पैन में डालें। नमक, काली मिर्च व तुलसी पत्ती मिलाएं। परोसने से पहले हल्का गुनगुना करें।

टॉम यम सूप 8 कटोरी (4 कप)

इस टॉम यम सूप में तेल का प्रयोग नहीं होता पर स्वाद बढ़िया है।

स्टॉक की सामग्री	**सूप की सामग्री**
1 कटोरी पत्तागोभी (बारीक कटी)	1 हरी मिर्च, लंबाई में कटी
1 कटोरी गाजर (बारीक कटी)	1/2 कटोरी ताजा मशरूम, स्लाइस
3-4 गोभी के फूल	1 कटोरी गाजर की पट्टियां
1 कटा प्याज	1 कटोरी कटा हरा प्याज
6 कटोरी पानी	2 छोटे चम्मच कटी सेलेरी
	1 बड़ा चम्मच कटी लैमन ग्रास
	1 छोटा चम्मच नींबू का रस
	नमक स्वादानुसार

विधि

सारी स्टॉक सब्जियां 6 कटोरी पानी में उबालें। 20 मिनट तक पकाने के बाद सब्जियां निकाल कर स्टॉक छान लें।

फिर स्टॉक में कटी सब्जियां, हरी मिर्च, मशरूम, गाजर, हरा प्याज, सेलेरी, लैमन ग्रास व नमक मिलाएं। 4–5 मिनट धीमी आंच पर पकाएं। नींबू का रस डालकर गर्म परोसें।

वैज जूस 8 कटोरी (4 कप)

चाहें तो वैजी जूस में मूली या टावास्को सॉस मिलाएं।

सामग्री

1 छोटी लॉकी
1 मध्यम गाजर
1 छोटी गुच्छी पालक
1 टमाटर
1 गुच्छी सेलेरी
2 छोटे चम्मच नींबू का रस
4 कटोरी पानी
काला नमक

विधि

सब्जियां धोकर काटें व सब्जियां पीसकर छान लें। यह जूस 4 कटोरी बनेगा। इसमें 4 कटोरी पानी मिलाकर, इसे 8 कटोरी बना लें। नींबू का रस व नमक मिला दें। तत्काल पीएं।

फाइबर से भरपूर व्यंजन

एलांउस–2 कटोरी (1कप)

मैंने कुछ फाइबर से भरपूर व्यंजन भी तैयार किए हैं।

यहां विविधता की कमी नहीं है। सब्जी को कैसे भी इस्तेमाल करें, कच्ची, पकी, अधपकी या भाप में पकी। फल भी निराले अंदाज में प्रस्तुत हैं। ताजे मौसमी उत्पाद चुनें व फाइबर-फिलर से भरपूर पौष्टिकता पाएं।

क्या आप जानते हैं? टमाटर एक फल है, सब्जी नहीं! गोभी का फूल एक फूल है तथा ब्रोकली का संबंधी भी!

टमाटर व सलाद पत्ता मेडले 4 कटोरी (2 कप)

टैंगी ताजगी से भरपूर समर सलाद का मजा लें।

सामग्री

8–10 बड़े आइसबर्ग सलाद पत्ते
4 मध्यम टमाटर, क्यूब
1 छोटा चम्मच अमचूर
1 बड़ा चम्मच कटा हरा प्याज
1 छोटा चम्मच नींबू का रस (चाहें तो)
1 छोटा चम्मच पिसा जीरा
काला नमक

विधि

सारी सामग्री कांच के डोंगे में डालें। परोसने से पहले पांच मिनट तक चिल्ड करें।

चटपटा क्यूमर 4 कटोरी (2कप)

क्रंची वैजीस का स्पाइसी मेल!

सामग्री

1 कटोरी प्याज स्लाइस 1/4 छोटा चम्मच पिसी लाल मिर्च

2 कटोरी खीरा, पतले स्लाइस

1 कटोरी टमाटर स्लाइस — 1 छोटा चम्मच नींबू का रस

1/2 छोटा चम्मच भुना जीरा — नमक स्वादानुसार

विधिः

सारी सामग्री सलाद डोंगे में डालें। झटपट परोसें।

थाई अनानास खीरा सलाद 4 कटोरी (2 कप)

इसका ईस्टर्न स्वाद आपको भाएगा।

सामग्रीः

1 कटोरी ताजा अनानास, टुकड़े

1 कटोरी खीरा, टुकड़े

12-15 चैरी टमाटर, दो टुकड़ों में

1 कटोरी सलाद पत्ता, कतरा हुआ

2 बड़े चम्मच कटा धनिया

2 बड़े चम्मच नींबू का रस

थाई बेसिल पत्तियां, कटी

नमक

व ताजी पिसी काली मिर्च स्वादानुसार

विधि

सलाद की सारी सामग्री बड़े डोंगे में मिलाएं। हल्का टॉस करें व झटपट परोसें।

क्रंची वैज सलाद 4 कटोरी (2 कप)

यह रंगीन व स्वादिष्ट सलाद खाते ही आपके मुंह में पानी आ जाएगा। संतरे-नींबू की ड्रेसिंग विटामिन सी से भरपूर है व इसमें, फ्रिज में रखी कोई भी क्रंची वैजी मिला सकते हैं।

सलाद की सामग्री	**ड्रेसिंग की सामग्री**
1 कटोरी लाल पत्तागोभी, कतरी हुई	2 बड़े चम्मच संतरे का रस

1 कटोरी पत्तागोभी, कतरी हुई
1 कटोरी पतली स्लाइस गाजर
1/2 कटोरी मूली, पतले स्लाइस
1/2 कटोरी शिमला मिर्च, पतले स्लाइस

1 छोटा चम्मच नींबू का रस
1/4 छोटा चम्मच तैयार मस्टर्ड
नमक व काली मिर्च स्वादानुसार

विधि : सलाद की सारी सामग्री डोंगे में मिलाकर फ्रिज में रखें। ड्रेसिंग की सामग्री भी जार में डालकर फ्रिज में रखें। परोसने से पहले, ड्रेसिंग हिलाकर सलाद पर डालें। टॉस करें व परोसें।

रैडी रेडिश 4 कटोरी (2 कप)

यह व्यंजन मूली प्रेमियों को पसंद आएगा। जीरे-धनिये की सॉस के साथ मूली का तीखा स्वाद, भाई वाह!

सामग्री

2 बड़ी मूली (धुली व छिली)

सॉस की सामग्रीः

2 कटोरी ताजा कटा धनिया
1 छोटा चम्मच पिसा जीरा
1 छोटा चम्मच कलौंजी
2 बड़े चम्मच नींबू का रस
काला नमक

विधि

सॉस सामग्री से पेस्ट बनाएं। (यह तकरीबन 1/2 कटोरी बनेगी) मूली के जूलियंस काटें। इसे सॉस में मिलाकर पंद्रह मिनट रखें।

ठंडा या कमरे के तापमान पर परोसें।

फ्रूट चाट 4 कटोरी (2कप)

यह खट्टी-मीठी, तीखी व मसालेदार है। फलों के शौकीनों को तो खासतौर से इसका स्वाद आएगा।

सामग्री

1 अमरूद, टुकड़े
1 मौसमी, छोटे टुकड़े
1 सेब, टुकड़े
1 नाशपाती, टुकड़े
2 गोले अनानास, टुकड़े
1/2 कटोरी कटा धनिया
1 हरी मिर्च, बारीक कटी
2 छोटे चम्मच नींबू का रस
2 छोटे चम्मच चाट मसाला
2 छोटे चम्मच इमली का रस
नमक स्वादानुसार

विधि : सारी सामग्री एक डोंगे में मिलाएं व झटपट परोसें।

मेन कोर्स डिनर

सब्जियों के व्यंजन :

एलाउंस 1 कटोरी (1/2 कप) = 1 सर्विंग

प्याज की चटनी में गोभी

क्यूरिड कुकंबर

तंदूरी टिंडा

ग्रिल्ड सब्जियां

स्टिर फ्राई वैजीस, चाइनीज़ स्टाइल

प्याज की चटनी में गोभी 4 सर्विंग 4 कटोरी (2 कप)

शायद आप नहीं जानते कि गोभी विटामिन सी से भरपूर होती है। यह नई रेसिपी गोभी को एक नया स्वाद देने जा रही है।

सामग्री

3 कटोरी कद्दूकस गोभी

1 हरी मिर्च ,बीजरहित, कटी

1 बड़ा चम्मच कटा धनिया

चटनी की सामग्री

2 कटोरी कटा प्याज

2 कटोरी कटा टमाटर

1 छोटा चम्मच पिसा जीरा

काला नमक स्वादानुसार

विधि

चटनी की सामग्री पीस लें (1 कटोरी बनेगी)। इस पेस्ट में कद्दूकस गोभी व हरी मिर्च मिलाएं व हरे धनिये से सजाकर खाएं।

(खीरा/ लॉकी इन ग्रीन सॉस 4 सर्विंग 4 कटोरी (2 कप)

यह समर डिलाइट काफी ताजा व हरा-भरा है, जोकि देखने में गार्डन की फीलिंग देगा, एंज्वाय!

सामग्री!

2 कटोरी खीरा टुकड़े/भाप में पके लॉकी के टुकड़े

1½ कटोरी कच्चा आम बारीक कटा (चाहें तो)

सॉस की सामग्री

1 कटोरी ताजा धनिया

1 कटोरी कटा पुदीना

1'' अदरक का टुकड़ा

1 छोटा चम्मच पिसा जीरा

1 हरी मिर्च, कटी हुई

काला नमक

विधि

सॉस की सामग्री पीसकर खीरा/लॉकी मिला दें। गुनगुना परोसें।

तंदूरी टिंडा : 4 सर्विंग 4 कटोरी (2 कप)

टिंडा डल व बोरिंग लगता होगा पर इस रेसिपी में आप इसे एक नए अवतार में पाएंगे।

सामग्री

1/2 किलो टिंडा (3 कटोरी)	1 छोटा चम्मच तंदूरी मसाला
1/2 छोटा चम्मच पिसी हल्दी	1 छोटा चम्मच अमचूर
1/2 छोटा चम्मच पिसा जीरा	1 कटोरी पत्तागोभी, कतरी हुई
1 छोटा चम्मच पिसी लाल मिर्च	1/2 छोटा चम्मच तेल

विधि : टिंडे धोकर, छोटे टुकड़ों में काटें। 1/2 छोटा चम्मच तेल में सारे मसाले डालकर भूनें। फिर टिंडे व पत्तागोभी डालकर हल्की सुनहरी भूनें। सब्जियां नरम होने व पानी सूखने तक पकाएं। गर्मागर्म परोसें।

ग्रिल्ड वैजीस 4 सर्विंग 4 कटोरी (2 कप)

सामग्री

एक मध्यम एगप्लांट, चौथाई लंबाई के टुकड़े	3-4 पोर्टोबैलो मशरूम
1 मध्यम जुकीनी या समर स्ववैश, चौथाई लंबाई में कटे टुकड़े	1/2 छोटा चम्मच जैतून का तेल
	मिक्स सूखे हर्ब्स - बेसिल, ऑरीगेनो, थाइम
	नमक व ताजी पिसी काली मिर्च

विधि

तैयार सब्जियों पर ऑलिव ऑयल, काली मिर्च, नमक व हर्ब्स मलें। इसे मध्यम आंच पर ग्रिल रैक में सिंगल परत पर बिछाएं। जरूरत पड़ने पर पलटें, क्रिस्पी पकाएं व कांटे से पलटें। (चाहें तो कोई दूसरे मशरूम या अलग रंग की शिमला मिर्च व प्याज ले सकते हैं।)

बची ग्रिल्ड सब्जियों के उपाय :

1. इन्हें कतरकर कॉसकस, पुलाव, ब्राउन राइस या साबुत अनाजों में मिलाएं।

2. इन्हें साल्सा में मिलाकर मैक्सिकन बरीटो में भरें।

स्टिर फ्राई वैजीस चाइनीज स्टाइल 4 सर्विंग 4 कटोरी (2कप)

कम-से-कम मसालों के साथ क्रंची-कुक सब्जियों का आनंद लें।

सामग्री

1 बंच बॉक चाय

6 मशरूम, स्लाइस

12 पीस बेबी कॉर्न

2 सेलेरी स्टॉक, तिरछी कटी

1 गुच्छी हरा प्याज, तिरछा कटा

1'' छोटा अदरक का टुकड़ा, कटा

6 सिंघाड़े (चाहें तो)

1 छोटा चम्मच सोया सॉस

1/2 छोटा चम्मच काली मिर्च

1 छोटा चम्मच तेल

विधि

कड़ाही के गर्म तेल में अदरक भूनने के बाद, सब्जियां, सोय सॉस व काली मिर्च डालें। 3-4 मिनट तक तेज आंच पर चलाएं। क्रिस्प सब्जियां आंच से उतारें व झटपट खाएं।

प्रोटीन से भरपूर व्यंजनों के विकल्प

एलाउंस–प्लान मिनिमम व मीडियम के लिए

1 प्रोटीन से भरपूर सर्विंग

2 प्रोटीन से भरपूर सर्विंग (प्लान मैक्सिमम के लिए)

टोफू स्टिर फ्राई

पीली मूंग दाल

हर्ब्ड व ग्रिल्ड फिश 4 सर्विंग

यह फिश खाने का स्वादिष्ट व सरल तरीका है। मनपसंद फिश के साथ नींबू व हर्ब्स का भी स्वाद पाएंगे।

सामग्री

1 मध्यम आकार की पाम्फ्रेट

2 कली लहसुन

मिक्स सूखे हर्ब्स-बेसिल, थाइम, डिल

नमक व काली मिर्च स्वादानुसार

1/2 नींबू का रस

विधि : मछली पर नींबू का रस, नमक, लहसुन व हर्ब्स छिड़क दें। 1/2 घंटे तक मैरीनेट करें। ओवन को पहले से 250^{0}c पर गर्म करें। फिश को ग्रिलिंग ट्रे में, टिन फॉयल पर रखें।

ट्रे को ओवन में रखें। एक चपटी कड़ाही की मदद से 10 मिनट बाद पलटें। फिर 5 मिनट और पकाएं। ओवन को ब्राउनिंग मोड पर डालें व परोसने से पहले थोड़ा ब्राउन कर लें।

नोट : चाहें तो सोल, कॉड, रावा या सुरमई भी ले सकते हैं।

रोस्टिड तंदूरी चिकन 4 सर्विंग

आप हैरान होंगे कि किस तरह तेल के बिना केवल मैरीनेड से ही स्वादिष्ट व्यंजन तैयार हो सकता है। चाहें तो इस डिश को मछली के साथ पकाएं। कोई भी मनपसंद फिश लें सकते हैं।

सामग्री

2 पूरे चिकन ब्रेस्ट, बोनलेस स्किनलेस

मैरीनेड की सामग्री :

1/2 छोटा चम्मच पिसा लहसुन

1/2 छोटा चम्मच पिसा अदरक

2 छोटे चम्मच पिसा तंदूरी मसाला

1/2 छोटा चम्मच नींबू का रस

नमक व काली मिर्च स्वादानुसार

चिकन ब्रेस्ट धोकर सुखाएं तिरछे चीरे लगाएं व उन पर मैरीनेड मल दें। 2 घंटे तक पड़ा रहने दें।

विधि

ओवन को $350^{0}c$ पर गर्म करें। चिकन को फॉयल ट्रे में रखें व टिन फॉयल से ढक कर ओवन में रखें। 20-25 मिनट तक पकाएं। फॉयल हटाकर दोनों ओर से भूरा करें।

चिकन ब्रेस्ट के दो टुकड़े करें, कुल 4 टुकड़े होंगे, प्रत्येक से एक सर्विंग बनेगी।

मूंग स्प्राउट करी 4 सर्विंग 4 कटोरी (2 कप)

वैसे तो डाइट में केवल मूंग लेने की सलाह दी जाती है, कोई भी दाल या बीज अंकुरित हो जाए, तो उसे हजम करने में आसानी होती है। यह एक मजेदार, चटपटी करी, मसाला ग्रेवी में पकाई गई है।

सामग्री

4 कटोरी स्प्राउट मूंग

1/2 छोटा चम्मच जीरा धनिया

1 मध्यम प्याज	1/4 छोटा चम्मच हल्दी
1/2 छोटा चम्मच पिसा अदरक –लहसुन	1/2 छोटा चम्मच तेल
1 चुटकी हींग	नमक स्वादानुसार
थोड़े कढ़ी–पत्ते	1/2 कटोरी ताजा कटा धनिया
1/2 छोटा चम्मच सरसों	1 हरी मिर्च (लंबाई में कटी)
1 बड़ा चम्मच इमली का गूदा	
1/2 छोटा चम्मच पिसी लाल मिर्च	

विधि

एक कड़ाही में तेल गर्म करें। हींग व सरसों तड़काने के बाद अदरक–लहसुन का पेस्ट व कढ़ी पत्ता मिला दें। अब प्याज मिलाएं प्याज जब नरम हो जाए तो पिसे मसाले मिला दें। फिर मसाला भूनने के बाद अंकुरित मूंग मिला दें। मसाले जांच लें।

इमली का गूदा डालकर 5 मिनट तक पकाएं। ध्यान रहे कि मूंग ज्यादा न गल जाए। आंच से उतारें, हरी मिर्च व धनिए से सजाकर गर्म परोसें।

पनीर भुर्जी 4 सर्विंग 4 कटोरी (2कप)

सच बढ़िया मसालेदार पनीर भुर्जी का अपना ही मजा है। इसे रोटी या होल व्हीट टोस्ट के साथ खाएं।

सामग्री

16 क्यूब लो–फैट पनीर	1/4 छोटा चम्मच हल्दी
1" x 1" के टुकड़े, मसले हुए	1/2 छोटा चम्मच पिसी हल्दी
(4 क्यूब प्रति सर्विंग)	1 छोटा चम्मच पिसा जीरा–धनिया
2 मध्यम टमाटर, कटे हुए	1/2 छोटा चम्मच गरम मसाला
1 छोटा चम्मच जीरा	1/4 कप कटा हरा धनिया
	1 छोटा चम्मच तेल
	नमक स्वादानुसार

विधि

कड़ाही में तेल गर्म करें। जीरा तड़काने के बाद प्याज भूनें। प्याज गुलाबी होने पर टमाटर मिला दें। टमाटर नरम होने पर दूसरे मसाले मिला दें व मिश्रण को अच्छी तरह चलाएं। अब मसाला पनीर मिला दें व हिला लें। 2–3 मिनट पकाएं।

पनीर की डिश आंच से उतारें। कटे धनिये से सजाकर गर्म परोसें।

टोफू स्टिर फ्राई 4 सर्विंग 4 कटोरी(2 कप)

यह टोफू हर तरह के स्वाद में घुल-मिल जाता है इसीलिए दिल खोलकर इस्तेमाल करें। टोफू की डिश चावल व नूडल्स से भी खाई जा सकती है।

सामग्री

16 क्यूब लो-फैट टोफू 1''x1'' के टुकड़े (4 क्यूब प्रति सर्विंग)
1 छोटा चम्मच सोया सॉस
1/4 छोटा चम्मच पिसी लाल मिर्च
1/4 छोटा चम्मच दरदरी काली मिर्च
1/2 छोटा चम्मच तिल का तेल
1 गुच्छी हरा प्याज, बारीक कटा
1 छोटे चम्मच भुने तिल

विधि

तिल के तेल को चपटे पैन में गर्म करें व टोफू के टुकड़े सुनहरे-भूरे होने तक भूनें। अब सोया सॉस, लाल मिर्च व काली मिर्च मिला दें। एक मिनट तक हल्का-सा भूनें। टोफू के टुकड़े टूटने न दें।

पैन को आंच से उतारें, चपटी सर्विंग डिश में रखें। कटे हरे प्याज व भुने तिल से सजाकर गर्म परोसें।

पीली मूंग दाल : 4 सर्विंग 4 कटोरी (2 कप)

1 कटोरी मूंग दाल भोजन में मज़ेदार स्वाद ला देती है।

बस गर्म चावल/रोटी से इस भरपूर स्वादिष्ट व पौष्टिक दाल का स्वाद लेने को तैयार रहें।

सामग्री

2 कटोरी पीली मूंग दाल (पानी में भीगी)
3 कटोरी पानी
1 चुटकी हल्दी
दो मध्यम प्याज, बारीक कटे
1/2 छोटा चम्मच साबुत जीरा
1/2 छोटा चम्मच हींग
2 तेजपत्ते
1/2 छोटा चम्मच गरम मसाला
ताजा कटा धनिया

विधि

मूंग दाल को 3 कटोरी पानी में नमक व हल्दी के साथ उबालें। कड़ाही में प्याज भूनने के बाद तेजपत्ता, हींग व जीरा मिला दें। जीरा तड़क जाए तो

उबली दाल मिला दें। गरम मसाला व नमक-मिर्च डालकर 5 मिनट तक पकाएं। हरे धनिये से सजाकर गर्म परोसें।

थ्री इन वन डिनर रेसिपी

प्लान मिनिमम का एलाउंस =1/2 सर्विंग सीरीयल+1 सर्विंग फल + सब्जी + 1 सर्विंग प्रोटीनयुक्त भोजन

प्लान मीडियम का एलाउंस =1 सर्विंग सीरीयल + 1 सर्विंग फल + सब्जी + 1 सर्विंग प्रोटीनयुक्त भोजन

प्लान मैक्सिमम का एलाउंस =1 सर्विंग सीरीयल + 1 सर्विंग फल + सब्जी 2 सर्विंग प्रोटीनयुक्त भोजन

ग्रिल्ड सैंडविच
सलाद कर्ड राइस
मूंग स्प्राउट भेल
ग्रीन सलाद विद गार्लिक ब्रेड
चिकन काठी रोल

ग्रिल्ड सैंडविच : 4 सर्विंग–प्लान मीडियम का एलाउंस

(यदि प्लान दूसरा है तो अपने एलाउंस के हिसाब से चलें।)

यह ब्रेड आपको सीरीयल, सब्जियां व पनीर देगा। बिल्कुल जरा से समय में तैयार होने वाला पौष्टिक डिनर।

सामग्री

4 बड़े स्लाइस होल व्हीट ब्रेड
1 मध्यम प्याज, बारीक कटा
2 मध्यम टमाटर, बारीक कटे
1 शिमला मिर्च, बारीक कटी
1/2 छोटा चम्मच जीरा-धनिया मसाला
1/4 छोटा चम्मच पिसी काली मिर्च
16 टुकड़े लो फैट पनीर (मसले हुए)
1 छोटा चम्मच मक्खन
1 छोटा चम्मच तेल
नमक स्वादानुसार

विधि

कड़ाही में 1 छोटा चम्मच तेल डालें। प्याज व टमाटर को गलने तक पकाएं। अब पिसे मसाले व नमक डालकर मिलाएं। फिर मसला पनीर डालकर चलाएं।

ब्रेड स्लाइस पर हल्का मक्खन लगाएं व मक्खन वाले हिस्से को प्लेट पर रखें। पनीर के मिश्रण को खुले स्लाइस पर रखें। बाकी बचे स्लाइसों से ढक दें। स्लाइस को किनारों से हल्का सील करते हुए पैन में दोनों ओर से सुनहरा-भूरा करें या सैंडविच टोस्टर में तैयार करें।

हर सैंडविच के तिकोने टुकड़े काटें। चार तिकोने टुकड़े होंगे। एक तिकोन से एक सर्विंग बनेगी।

सलाद कर्ड राइस 4 सर्विंग-प्लान मीडियम का एलांउस (अपने प्लान के हिसाब से एलांउस जांचें)

यह थ्री इन वन विकल्प है जिसमें आपको सीरीयल के रूप में चावल, टमाटर, खीरे के मेल से सब्जी व दही से प्रोटीन मिल रहा है। गर्मियों में यह ठंडक देने वाला डिनर बेहद भाता है।

सामग्री	**तड़के की सामग्री**
4 कटोरी पके चावल	1/2 छोटा चम्मच सरसों के दाने
4 कटोरी लो-फैट दही	थोड़े कढ़ी पत्ते
2 टमाटर, कटे	1 छोटा चम्मच उड़द दाल
1 खीरा, छिला व कटा	1 चुटकी हींग
2 स्लाइस अनानास, कटा	1 छोटा चम्मच घी/तेल
(चाहें तो)	नमक स्वादानुसार

विधि

चावल व दही मिलाएं। कटी सब्जियां व नमक डालकर अच्छी तरह मिला लें।

छोटी कड़ाही में तेल गर्म करें व तड़के की सामग्री डाल दें। जब सब कुछ क्रिस्प फ्राई हो जाए तो दही-चावल मिला दें व कमरे के तापमान पर परोसें। ठंडा खाना चाहें तो फ्रिज में रखें, 1 घंटे बाद खाएं।

मूंग स्प्राउट भेल **4 सर्विंग-प्लान मीडियम का एलाउंस** (अपने प्लान का एलाउंस जांचे)

यह फॉस्टफूड का थ्री इन वन च्वाइस है। मुरमुरों से सीरीयल, टमाटर, प्याज, शिमला मिर्च व धनिये की चटनी व अंकुरित मूंग से प्रोटीन मिलेगा। आप यकीन नहीं कर सकते कि यह लो-फैट भेल इतनी स्वादिष्ट हो सकती है।

भेल के लिए

4 कटोरी अंकुरित मूंग

2 कप नमकीन पानी

चटनी के लिए

2 कटोरी हरा धनिया

2 कटोरी पुदीना पत्ती

4 बड़े चम्मच नींबू का रस

4 हरी मिर्चें

2 छोटे चम्मच जीरा

नमक स्वादानुसार

8 कटोरी मुरमुरे

1 छोटा प्याज, बारीक कटा

1 छोटा खीरा, बारीक कटा

1 छोटी शिमला मिर्च, बारीक कटी

1 छोटा टमाटर, बारीक कटा

2 हरी मिर्च, बारीक कटी

काला नमक

सब कुछ पीसकर पहले चटनी बना लें।

अंकुरित मूंग को 2 कप नमकीन पानी में उबालें वपानी छान लें। इसे फेंके नहीं, यह स्टार्टर सिप बन सकता है। अंकुरित मूंग को भेल की सामग्री में मिलाएं व हरी चटनी डालें। झटपट खाएं।

गार्लिक ब्रेड विद ग्रीक सलाद–4 सर्विंग प्लान मीडियम का एलाउंस (अपने प्लान के हिसाब से एलाउंस जांचें)

गार्लिक ब्रेड क्रोटन से सीरीयल, सलाद पत्ता, प्याज व जैतून से सब्जी और फीटा चीज़ व पनीर से प्रोटीन मिलेगा। जैतून का तेल दिल के लिए फायदेमंद है। इस तरह यह पौष्टिक थ्री इन वन कॉम्बो है।

सामग्री

सलाद पत्ते का बड़ा गुच्छा

16 क्यूब लो–फैट फीटा चीज़ (1'' x 1'')

8 काले जैतून (बीज रहित)

1 लाल प्याज, टुकड़े

2 पके लाल टमाटर, टुकड़े

1 छोटा चम्मच बालसैमिक सिरका

1/2 छोटा चम्मच काली मिर्च दरदरी

4–5 कली लहसुन, बारीक कटी

2 छोटे चम्मच जैतून का तेल

4 बड़े स्लाइस, होल व्हीट ब्रेड

नमक स्वादानुसार

विधि

एक बड़े कांच के डोंगे में सलाद पत्ता तोड़कर डालें व फीटा मसल लें। कटे जैतून व प्याज मिलाएं। इस पर सिरका व आधा जैतून का तेल, नमक व काली मिर्च छिड़ककर मिलाएं। सारी सामग्री मिलाकर फ्रिज में ठंडा करें।

बाकी बचे जैतून के तेल, कटे लहसुन व नमक को डोंगे में डालें। इसे स्लाइस के दोनों ओर लगाएं। स्लाइस के 1'' के टुकड़ों को गर्म पैन में टोस्ट करें। सुनहरे-भूरे हो जाएं तो आंच से उतारें। ठंडे सलाद में मिलाकर झटपट परोसें।

चिकन काठी रोल 4 सर्विंग प्लान मीडियम का एलाउंस
(अपने प्लान के हिसाब से एलाउंस जांचें)

यह चिकन फ्रेंकी का लो-कैल रूप है। यह नॉन-वैज डिश कहीं भी ले जा सकते हैं।

सामग्री

4 छोटी रोटी/फुल्के	1 छोटा चम्मच पिसा अदरक-लहसुन

भरावन की सामग्री

1 छोटा चम्मच पिसा जीरा-धनिया	1 छोटा चम्मच पिसा लाल मिर्च
2 प्याज	2 छोटे चम्मच तेल
4 बड़े चम्मच पिसे टमाटर	1 कटोरी कतरी गाजर/पत्तागोभी
4 चिकन ब्रेस्ट-पीस (3'' x 3'')	2 हरी मिर्च, बारीक कटी
	1 छोटा चम्मच चाट मसाला
1/2 कप ताजा धनिया (कटा)	नमक स्वादानुसार

एक पैन में तेल गर्म करें। प्याज गुलाबी होने तक भूनें। अब मसाले, व पिसे मसालों का, पेस्ट, पिसे टमाटर व नमक मिला दें। मसाले को भूनें फिर चिकन के टुकड़े मिला दें। चिकन को भूरा होने तक पकाएं।

एक बार में एक रोटी लें। उस पर चिकन का मिश्रण रखें। हरा धनिया, कतरी सब्जियां व हरी मिर्च रखें। चाट मसाला छिड़कें व टिन फॉयल में रैप करें। एक रैप एक सर्विंग होगा।

फ्री बीज		
सरसों के दाने	लौंग	प्याज
चाट मसाला	इलायची	कढ़ी पत्ता
हल्दी	दालचीनी	हरा धनिया
सौंफ	काली मिर्च	अदरक
पिसा धनिया	जायफल	पुदीना पत्ता
हींग	बालसैमिक सिरका	इमली
पिसा जीरा	तेजपत्ता	लहसुन
सांबर मसाला	इलायची	हरी मिर्च
गरम मसाला	ऑरीगेनो	नींबू का रस
रसम पाउडर	चिली फ्लेक	पिसा टमाटर
पिसी लाल मिर्च	बेसिल कसूरी मेथी	वनीलाप

फ्रीबी रेसिपीज

पुदीना धनिया चटनी

इमली चटनी

टमाटर साल्सा

बालसैमिक सलाद ड्रैसिंग

अदरक व नींबू अचार

पुदीना-धनिया चटनी **1 कटोरी**

2 कटोरी, धुला व कटा धनिया

2 कटोरी धुला व कटा पुदीना

1 छोटा प्याज

6 हरी मिर्च कटी

1 छोटा चम्मच जीरा

1 छोटा चम्मच नींबू का रस

2 कली लहसुन

सारी सामग्री एक साथ मिलाकर पीस लें व झटपट परोसें।

इमली की चटनी **2 कटोरी**

2 कटोरी इमली का गूदा

2 खजूर बीज रहित व कटे

1 छोटा चम्मच पिसा जीरा

1 छोटा चम्मच लाल मिर्च

नमक स्वादानुसार

चटनी बनाने के लिए सामग्री मिला लें। इसे एक सप्ताह तक फ्रिज में स्टोर कर सकते हैं।

टमाटर साल्सा **2 कटोरी**

6 पके टमाटर, छिले व कटे

1 छोटा प्याज, बारीक कटा

1 शिमला मिर्च, बारीक कटी

2 हरी मिर्च/जलपिनो चिली,कटी (चाहें तो)

2 बड़े चम्मच सिरका

1 छोटा चम्मच पिसी लाल मिर्च

नमक स्वादानुसार

सारी सामग्री अच्छी तरह मिलाएं व धनिये से सजाकर ठंडा परोसें।

बालसैमिक सलाद ड्रेसिंग **1 कटोरी**

1/2 कटोरी बालसैमिक सिरका

1/2 कटोरी हल्का नींबू रस

1 छोटा चम्मच सूखे मिक्स हर्ब्स (बेसिल, ऑरीगेनो, इटेलियन हर्ब्स)

नमक स्वादानुसार

सारी सामग्री कांच की बोतल में डालें। ढक्कन लगाएं व बोतल को अच्छी तरह हिलाएं। इसे ठंडा करें। परोसने से पहले एक बार हिला लें।

अदरक व नींबू का अचार **1 कटोरी**

3/4 कटोरी ताजा अदरक, छोटे टुकड़े

1/4 कटोरी ताजा नींबू का रस

1 छोटा चम्मच साबुत हरी-काली मिर्च (चाहें तो)

1 छोटा चम्मच साबुत काली मिर्च

2 हरी मिर्च, लंबाई में कटी

नमक स्वादानुसार

सारी सामग्री अच्छी तरह मिलाएं। अचार के डिब्बे में रखें।

9

नास्ते का कार्यक्रम

दिन की करें बढ़िया शुरुआत

एक अच्छा नाश्ता आपके लिए अच्छे स्वास्थ्य का ऐसा उपहार लाता है जिसकी आप कल्पना तक नहीं कर सकते। फाइबर से भरपूर नाश्ता, दिन के लिए अच्छी शुरुआत हो सकता है तभी तो नाश्ते को इतनी अहमियत दी जाती है। एक अच्छा नाश्ता आपको सक्रिय रखता है व ग्लूकोज़ के स्तर को घटने नहीं देता, जिसे कि आप खाली पेट रहने पर महसूस करते। जब शरीर में पूरा ईंधन भरा हो तो आप पूरी तरह से ऊर्जावान व मानसिक रूप से सजग रहते हैं।

नाश्ता छोड़ने से मोटापा कैसे बढ़ सकता है?

मुझे अपनी योग-कक्षाओं के लिए सुबह जल्दी निकलना होता था। जोकि सप्ताह में तीन दिन, सुबह सात बजे आरंभ होतीं। बाकी दिनों में, सुबह दस बजे से फिटनेस कक्षाएं लगतीं तो ऐसे में नाश्ते का समय कहां था?

समय की कमी के अलावा, मैं चाहती थी कि शरीर हल्का रहे, नाश्ते से पेट में भारीपन न आए। मेरे हिसाब से एक भरपूर नाश्ते की कोई अहमियत ही नहीं थी।

मेरी एक कप चाय ही मेरा नाश्ता थी और फिर मैं उसके बाद कक्षाओं में चली जाती। कुछ समय बाद, इतनी सक्रिय दिनचर्या के बाद भी मेरा वजन बढ़ने लगा। मैं अक्सर खीझी हुई व चिड़चिड़ी रहती। ऐसा इसलिए था कि नाश्ता न लेने के कारण मेरी ऊर्जा का स्तर गिर जाता था। इसके अलावा मैं

एक्सरसाइज भी करती थी तो कक्षाओं के अंत में, मुझे कसकर भूख लगती।

दोपहर को तो, जो भी सामने आता, मैं भरपेट खाती। मुझे समझ ही नहीं आया कि मेरे साथ यह सब क्या हो रहा था। आज भी मुझे याद करके शर्मिंदगी होती है कि मैं कैसे चीज़ टोस्ट या चॉकलेट मिल्कशेक के लिए दीवानी हो जाती थी। अब मैं जानती हूं कि क्यों?

बदकिस्मती से, हममें से कइयों की यही समस्या है। हम नाश्ता न करने के बहाने तलाशते हैं। समय की कमी तो एक पक्का बहाना है। नाश्ते के समय, पेट 12 घंटों से खाली होता है। नए दिन के मेटॉबॉलिजम की शुरुआत के लिए कुछ खाना अवश्यक होता है। यदि इस समय भरपूर नाश्ता नहीं लेंगे तो शरीर टॉप गियर में जाने की बजाय निढाल हो जाएगा।

तब आप भी मेरी तरह सारा दिन बेचैन व खोए-खोए रहेंगे।

फिर नाश्ता न करने वाले, बाकी बचे दिन में, सारा समय कुछ-न-कुछ खाते रहते हैं।

जब मैं डाइट प्रोग्रामों पर काम कर रही थी तो ब्रेकले, कैलीफोर्निया यूनीवर्सिटी के कुछ शोध सामने आए। पता चला कि नाश्ता न करने वालों की तुलना में, नाश्ता करने वालों का वी. एम. आई. कम होता है।

अब मेरी नाश्ते की आदतें पूरी तरह से बदल गई हैं। मैं 1, 2, 3 फार्मूले के हिसाब से स्वयं अपने लिए संतुलित नाश्ता बनाती हूं व इसे खाते हुए, भरपूर आनंद लेती हूं। मैं पहले से कहीं छरहरी, व फिट हूं। छात्र कहते हैं कि मैं कक्षाओं में पहले से कहीं ज्यादा खुश भी दिखती हूं।

कैलोरी एलर्ट

चीनीयुक्त नाश्ता सीरीयल, पूरी-भाजी, घी में तले परांठें, मक्खनयुक्त टोस्ट, डोनट, जलेबी व सिरप, जैम व क्रीम चीज़ जैसे स्प्रेड से दूर ही रहें। सफेद ब्रेड जैसे प्रोसेस्ड फूड, जल्दी से हजम हो जाते हैं व दो ही घंटे में आप स्वयं को थका हुआ व भूखा पाते हैं।

पानी अवश्य पीएं

क्या आप जानते हैं कि तकरीबन लोग एक दिन में 3-4 गिलास से ज्यादा पानी नहीं पीते। आप कितना पानी पीते हैं? यदि एक दिन में 8

गिलास से कम पानी पीते हैं तो इसका मतलब होगा कि आपके शरीर में पानी की कमी है।

65 से 70 प्रतिशत शरीर पानी से बना है। तभी तो आपको रोज़ आठ गिलास पानी चाहिए। ताकि यह सही तरह से काम कर सके। पानी की कमी से डी-हाइड्रेशन, रक्तचाप में कमी, कब्ज व खराब मेटाबॉलिक गतिविधि की समस्या हो सकती है। किडनी की कार्यक्षमता प्रभावित हो सकती है, जिससे शरीर में विषैले पदार्थ बने रहेंगे। इसके साथ ही सिर चकराने व जी मिचलाने की शिकायत भी हो सकती है।

याद रखें : वजन घटाने के लिए पानी कारगर उपाय है। इसमें कोई वसा, कार्ब, कैलोरी या चीनी नहीं होती। यह भूख मिटाता है। दरअसल जब आप खुद को भूखा महसूस करते हैं तो उस समय आप प्यासे होते हैं, तो पानी पीएं व डाइट में शामिल कर लें।

तथ्य परक बातें

अधिक नमक से शरीर में पानी का जमाव हो सकता है व रक्तचाप बढ़ जाता है। एक दिन में एक छोटा चम्मच (5 ग्राम) से ज्यादा नमक न लें। अतिरिक्त नमक लेने की बजाय ऑरीगेनो, तुलसी, धनिया, पार्सले या नीबू, लहसुन व काली मिर्च आदि लें।

कैसे जानेंगे कि आप पर्याप्त मात्रा में पानी ले रहे हैं?

आपके मूत्र के रंग से हाइड्रेशन के स्तर का पता चलता है। यदि पर्याप्त मात्रा में तरल पदार्थ ले रहे हैं तो मूत्र का रंग साफ होगा। जितना कम पानी लेंगे, मूत्र का रंग गहरा होता जाएगा। हालांकि कुछ दवाइयों से भी मूत्र का रंग गहरा होता है।

काउंटडाउन के दौरान, हर गिलास कांउट करना है

पानी इतनी अहमियत रखता है कि आपको सुबह पानी के गिलास के साथ ही दिन आंरभ करना चाहिए। आप हल्का गुनगुना या कमरे के तापमान जितना पानी ले

सकते हैं। फिर नाश्ते से पहले 2 गिलास पानी पीने की आदत डालें।

नाश्ते से 30 मिनट पहले, हल्का गुनगुना नींबू पानी धीरे-धीरे पीएं। यह विटामिन सी देगा व पेट को साफ करने में सहायक होगा।

सुबह पीए गए पानी के बोनस प्वाईंट

बालों में चमक
चमकती त्वचा
आंखों में चमक

तथ्य परख बातें

हरी चाय भी पानी का विकल्प है क्योंकि इसमें कैफीन नहीं होती। इसे हाजमे के लिए, दिन में कभी भी ले सकते हैं। हालांकि भोजन के बाद यह ज्यादा प्रभावी रहती है। यह फलेवोनॉयड्स से भरपूर होती है – ये प्लांट पिंगमेंट संक्रमण से बचाते हैं।

1, 2, 3 फार्मूले से पूरा लाभ पाना चाहें तो विटामिन, मिनिरल, प्रोटीन व कार्ब से भरपूर नाश्ता लें।

नाश्ते के लिए चुनाव करें। गुजराती टाइप नाश्ता हो या साउथ इंडियन स्टाइल टिफिन या फिर क्लॉसिक इंग्लिश ब्रेकफॉस्ट, नाश्ते का अपना ही स्वाद होता है।

गुडमार्निंग! एक अच्छा नाश्ता लें!

1, 2, 3 फार्मूला नाश्ता

1. कार्ब एनर्जी बढ़ाने के लिए 1 सीरीयल सर्विंग। एक अच्छे नाश्ते में फाइबर से भरपूर सीरीयल चुनें।

नाश्ते के लिए फाइबर :

ओट्स, होलग्रेन ब्रेड व दलिया आदि लो-कैलोरी नाश्ते के उदाहरण हैं। ये वजन घटाने में मदद करेंगे क्योंकि फाइबर से काफी समय तक पेट भरा महसूस होगा।

इससे पेट साफ करने में मदद मिलेगी। फाइबर लेने के साथ-साथ भरपूर मात्रा में पानी भी पिएं।

2. विटामिन व मिनिरल पूर्ति के लिए **फल व सब्जी** लें। विभिन्न प्रकार के फल व सब्जी से विविध पोषक तत्व मिलेंगे।

छिलका उतारें या नहीं

कुछ फल-सब्जियों के छिलकों में फाइबर की भरपूर मात्रा होती है। सेब के छिलके में 75 प्रतिशत डाइटरी रेशा होता है। यदि छिलका समेत खाने जा रहे हैं तो फल व सब्जी को अच्छी तरह धो लें। दूसरी बात यह है कि फल का पूरा पोषक फल से ही मिलेगा, फलों के जूस से नहीं। फलों के जूस न केवल कैलोरी से भरपूर होते हैं बल्कि रेशे की मात्रा भी नहीं दे पाते।

3. दूध या मेवे, बीज या अंडे प्रोटीन के अच्छे स्रोत हैं। दूध, दूध से बने उत्पाद, मांस व अंडे आदि से प्रोटीन मिलता है। वह अमीनो एसिड से भी भरपूर होता है। शाकाहारी प्रोटीन अधूरे होते हैं, उन्हें पूर्ण रूप देने के लिए दूसरे भोज्य पदार्थों से मिलना पड़ता है। प्रोटीन से भरपूर शाकाहारी भोजन में दालें, सोय उत्पाद, मेवे व बीज आदि शामिल हैं।

> ***नोट :*** *एक सप्ताह में 2 से अधिक पूरे अंडे न लें। अंडे की जर्दी कॉलेस्ट्राल व कैलोरी से भरपूर होती है। यदि चाहें तो रोज़ अंडे का सफेद हिस्सा ले सकते हैं।*

1/2 छोटा चम्मच वसा

बेसिक काउंटडाउन नाश्ता बनाते समय, कोई भी मनपसंद वसा 1/2 चम्मच तक ले सकते हैं। यह आपके टोस्ट पर मक्खन या उपमा में घी हो सकता है–मर्जी आपकी है पर एलाउंस से ज्यादा न लें।

बोनस पेय पदार्थ

आपको कोई गर्म या ठंडा पदार्थ भी लेना होगा, जोकि आप सामान्यतः लेते हैं। यदि चाय-कॉफी लेते हैं तो याद रखें कि चाय में स्किम्ड मिल्क व 1 चम्मच छोटा चम्मच चीनी होनी चाहिए।

सुबह व्यायाम करने वालों का नाश्ता

यदि आप सुबह व्यायाम करते हैं तो शायद भरपेट नाश्ता न लेना चाहें क्योंकि ज्यादा खाने से शरीर निढाल हो सकता है वैसे एक कप चाय-कॉफी,

सीरीयल या मनपसंद फल-सब्जी तो ले ही सकते हैं। बाकी काउंटडाउन नाश्ता एक्सरसाइज के बाद ले लें।

ब्रेकफास्ट ऑन द गो

नाश्ते के बारे में हमेशा रचनात्मक रूप से 1, 2, 3 फार्मूले के अनुसार चलें जैसे, ताजे फल व दूध की स्मूदी 2 3 फार्मूले को पूरा करती है तो सीरीयल का क्या होगा?

कोई भी मनपसंद सीरीयल चुनें, जैसे-क्रेकर्स, भुने खाकरे वगैरह। साथ में, ऑफिस में कॉफी लें।

वैसे वैज सैंडविच जैसा विकल्प भी कारगर हो सकता है। सैंडविच में लो-फैट चीज़ के साथ लो-कैल सब्जियां मिलाएं-1, 2, 3 ब्रेकफास्ट तैयार है।

1. अपने एलांउस के हिसाब से टोस्टिड व्होल व्हीट ब्रेड स्लाइस।
2. स्लाइस पर खीरा, पुदीने की चटनी व टमाटर।
3. स्किम्ड मिल्क से बना पनीर।

अतिरिक्त स्वाद के लिए चिली फ्लेक, काली मिर्च छिड़कें व स्वादिष्ट सैंडविच पाएं। 1, 2, 3 ब्रेकफॉस्ट खाने के लिए तैयार है।

ब्रेकफास्ट चेक-इन

जितना वजन घटाना हो, उसके हिसाब से अपना नाश्ता चुनें। मेरे प्लान से पढ़ें।

डेली फूड गाइड चार्ट (परिशिष्ट 'ब') से सर्विंग के बारे में जानें। इस तरह अपने प्लान के हिसाब से फल, सब्जी व प्रोटीनयुक्त भोजन का एलांउस जान पाएंगे।

आगे के पृष्ठों पर क्विक रेफरेंस गाइड भी उपलब्ध है। अधिक जानकारी के लिए परिशिष्ट देखें।

प्लान मिनिमम ब्रेकफास्ट

4 किलो तक वजन घटाने वाली महिलाओं के लिए

1. सीरीयल **1 सर्विंग**

1 रोटी/1 बड़ी स्लाइस ब्रेड (किसी भी सिरीयल से बनी)

या

1 कटोरी तैयार सीरीयल। मनपसंद पका सीरीयल
(कॉर्नफ्लेक, व्हीट फ्लेक, पोहा, उपमा)
+

2. फल + सब्जी **1 सर्विंग**

1 कटोरी मनपसंद (थोड़े आलू, जैकफ्रूट, थैम, केला, आम)
+

3. प्रोटीनयुक्त भोजन **1 सर्विंग**

1 कटोरी मूंग स्प्राउट
या
4 क्यूब लो-फैट पनीर / लो-फैट फीटा चीज़ / टोफू/1 कटोरी लो-फैट कर्ड
या
1 मूंग दाल का डोसा / 3 पीस ढोकला/ 1 डोसा / पंकी/1 चीला (1 बड़ा चम्मच मूंग दाल आटे से बना)
या 1 टुकड़ा मध्यम आकार में, सफेद मीट (चिकन ब्रेस्ट/ टर्की ब्रेस्ट/ फिश)
2 अंडों की सफेदी / 1/2 उबला अंडा
बोनस एलाउंस 1 कप चाय/कॉफी

प्लान मीडियम नाश्ता

4 किलो तक वजन घटाने वाले पुरुषों व 5-10 किलो वजन घटाने वाली महिलाओं के लिए :

1. सीरीयल **2 सर्विंग**

2 रोटी / 2 बड़े स्लाइस ब्रेड (किसी भी सिरीयल से बना)
या
2 कटोरी तैयार सीरीयल + मनपसंद पका सीरीयल
(कॉर्नफ्लेक + व्हीट फ्लेक + पोहा + उपमा)
+

2. फल + सब्जी **1 सर्विंग**

1 कटोरी मनपसंद (थोड़े आलू, जैकफ्रूट +यैम + केला + आम)
+

3. प्रोटीनयुक्त भोजन 1 सर्विंग

1 कटोरी स्प्राउट मूंग

या

4 क्यूब लो-फैट पनीर/लो फैट-फीटा चीज़/टोफू/ 1 कटोरी लो-फैट कर्ड

या

1 मूंग दाल लो फैट पनीर/लो-फैट फीटा चीज़/टोफू/1 कटोरी लो-फैट कर्ड

या

1 मूंग दाल डोसा / 3 पीस ढोकला / 1 डोसा / एक पंकी / 1 चीला (1 बड़ा चम्मच मूंग दाल आटे से बना)

या

1 मध्यम आकार का सफेद मीट का टुकड़ा (चिकन ब्रेस्ट/टर्की ब्रेस्ट/फिश)

या

2 अंडों की सफेदी / 1/2 उबला अंडा

बोनस एलाउंस 1 कप चाय/कॉफी

प्लान मैक्सिमम नाश्ता

5 किलो से अधिक वजन घटाने वाले पुरुषों व 11 किलो से अधिक वजन घटाने वाली महिलाओं के लिए :

1. सीरीयल 2 सर्विंग

2 रोटियां / 2 बड़े स्लाइस ब्रेड (किसी भी सीरीयल से बने)

कॉर्नफ्लेक, व्हीट फ्लेक, पोहा, उपमा)

+

2. फल व सब्जी 1 सर्विंग

1 कटोरी मनपसंद (थोड़े आलू, जैकफ्रूट, यैम, केला, आम)

+

3. प्रोटीनयुक्त फूड 1 सर्विंग

1 कटोरी अंकुरित मूंग

या

4 क्यूब लो-फैट पनीर/लो-फैट फीटा चीज़/टोफू/1 कटोरी लो-फैट कर्ड

या

1 मूंग दाल डोसा/ 3पीस ढोकला/ डोसा/ पंकी/ चीला

(1 बड़ा चम्मच मूंग दाल आटे से बना)

या

1 मध्यम आकार में सफेद मीट का टुकड़ा (चिकन ब्रेस्ट/ टर्की ब्रेस्ट/ फिश)

या

2 अंडों की सफेदी/1/2 उबला अंडा

बोनस एलाउंस 1 कप चाय/कॉफी

चाय/कॉफी + 1/2 सर्विंग लो-फैट मिल्क+1 छोटा चम्मच चीनी

या

हर्बल चाय

या

नारियल पानी

चीनी का विकल्प

कई डाइटर्स चीनी की जगह कृत्रिम स्वीटनर्स का प्रयोग करते हैं। हालांकि यह प्रमाणित नहीं हो सका कि ये सब हानिकारक होते हैं। कुछ अध्ययन कहते हैं कि इनमें से कुछ वजन घटाने में सहायक हो सकते हैं। मैं तो यही कि चीनी व उससे बने पदार्थ सीमित मात्रा में लें। यही दीर्घकालीन उपाय कारगर होगा।

ब्रेकफॉस्ट रेसिपीज

1 कटोरी = 1/2 कप = 100 ग्राम

2 कटोरी = 1 कप = 200 ग्राम

यहां 1, 2, 3 ब्रेकफास्ट सुझाव, तीनों प्लानों के लिए हैं। नाश्ते के लिए दोनों कैटेगरी एक-सी हैं। यदि आप प्लान मिनिमम में हैं तो सीरीयल की सर्विंग आधी कर दें। बाकी मेन्यू वही रहेगा।

1, 2, 3 ब्रेकफॉस्ट कॉम्बो सुझाव

2 कटोरी (1 कप) सब्जी वाला दलिया, उपमा + 1 कटोरी (1/2 कप)योगई

या

2 कटोरी (1 कप) ओटमील पैरिज स्किम्ड मिल्क +1 कटोरी (1/2 कप) मिक्स फ्रूट कप

या

2 होल व्हीट टोस्ट + 1 वैज ऑमलेट

या

2 कटोरी (1कप) वैज पोहा + 2 कटोरी (1 कप) कोल्ड मोचा कॉफी

या

1 मूंग दाल डोसा व टमाटर की चटनी + 1 वैज कटलेट सैंडविच

दलिया उपमा व सब्जियां 4 सर्विंग 12 कटोरी

(6 कप)

सब्जियों से भरपूर दलिया एक स्वादिष्ट नाश्ते का काम करता है। कृपया याद रखें कि वैज सर्विंग 1 कटोरी है तो आप उपमा की तीन कटोरी 1½ कप खाएंगे।

सामग्री

6 कटोरी गेहूं का दलिया (भीगा हुआ)
1 मध्यम प्याज, कटा
2 गाजरें, कटी
1 छोटी शिमला मिर्च, टुकड़े
1 कटोरी (1/2 कप) मक्का के दाने
1/2'' अदरक का टुकड़ा
3 लंबाई में कटी रही मिर्च
1 चुटकी पिसी हल्दी
1/2 छोटा चम्मच सरसों
थोड़े कढ़ी पत्ते
2 छोटे चम्मच तेल
4 कटोरी (2 कप) पानी
2 बड़े चम्मच नींबू का रस
नमक स्वादानुसार
1 चुटकी हींग

विधि

दलिया को एक पैन में धीमी आंच पर भूनें। फिर पैन को आंच से उतारें। एक कड़ाही के गर्म तेल में सरसों, हींग व कढ़ी पत्ता तड़काएं। जब सरसों के दाने तड़क जाएं तो अदरक व हरी मिर्च मिला दें।

कटा प्याज मिलाकर चलाएं। फिर दूसरी कटी सब्जियां मिला दें। 5 मिनट तक चलाने के बाद दलिया मिला दें। नमक व हल्दी डालें। 2 कप पानी डालें। दलिया गलने तक प्रेशर कुकर में भाप दें।

नींबू का रस व कटा हरा धनिया छिड़क कर गर्म परोसें।

मोया कोल्ड कॉफी 4 सर्विंग 8 कटोरी (4 कप)

अगर आपको चॉकलेट व कॉफी पसंद है तो यह आपके लिए है।

सामग्री

8 कटोरी लो-फैट मिल्क, चिल्ड

4 छोटे चम्मच चीनी (नाश्ता चीनी एलाउंस)

4 बड़े चम्मच इंस्टैंट कॉफी

4 बड़े चम्मच कोको पाउडर

1 छोटा चम्मच वनीला एसेंस

1 चुटकी पिसी दालचीनी (सजावट)

विधि

दालचीनी पाउडर के सिवा बाकी सामग्री एक साथ मिला लें। जब ब्लैंड हो जाएं तो लंबे गिलासों में पलटें। दालचीनी पाउडर छिड़ककर, चिल्ड परोसें

मूंग स्प्राउट चाट 4 सर्विंग 8 कटोरी (4 कप)

नाश्ते के लिए एक क्रंची व टैंगी विकल्प! मूंग की कटोरी से प्रोटीन मिलेगा व मिक्स वैज से सब्जियों का पोषण प्राप्त होगा। इससे दो कटोरी प्रति सर्विंग जुड़ेंगी।

सामग्री

4 कटोरी स्प्राउट मूंग, छिलके सहित (भाप में पकी)

3 टमाटर, कटे

2 शिमला मिर्च, टुकड़े

1 बड़ी गुच्छी हरा प्याज, कटा

1/2 छोटा चम्मच नींबू का रस

1 छोटा चम्मच चाट मसाला

1/2 कटोरी हरा धनिया, कटा

विधि

अंकुरित मूंग को 3-4 मिनट भाप दें। उसे ठंडा करें व बाकी सामग्री डालकर मिलाएं। ठंडा या कमरे के तापमान पर परोसें।

नोट : मैंने नमक नहीं मिलाया क्योंकि चाट मसाले में नमक होता है। अगर कम लगे तो 1 चुटकी नमक मिला लें।

मूंग दाल डोसा

4 सर्विंग एलाउंस 1 दोसा प्रति सर्विंग

एक पौष्टिक प्रोटीनयुक्त डोसा, आंध्र प्रदेश का व्यंजन। यह नाश्ते में टमाटर की चटनी के साथ खूब जमेगा।

सामग्री

4 कटोरी हरी मूंग दाल, भीगी हुई
1 बड़ा प्याज, बारीक कटा
2 बारीक कद्दूकस गाजरें
2" अदरक का टुकड़ा, कद्दूकस
4-6 हरी मिर्च
1 गुच्छी हरा धनिया, कटा
2 छोटे चम्मच जीरा
2 छोटे चम्मच तेल
नमक स्वादानुसार

विधि : मूंग दाल सारी रात भिगो दें। फिर अदरक, हरी मिर्च, धनिया व नमक मिलाकर पीसें। डोसे के घोल में प्याज, गाजर व जीरा मिलाएं।

एक नॉन-स्टिक पैन में थोड़ा तेल गर्म करें। घोल से मध्यम मोटाई का डोसा बनाएं। एक ओर सुनहरा-भूरा हो जाए तो पलटें। लहसुन, टमाटर की चटनी के साथ गर्म परोसें।

मटर-कॉर्न वाला पोहा 4 सर्विंग 12 कटोरी (6 कप)

यह बहुत ही पौष्टिक नाश्ता बनता है याद रखें कि फ्रोजन मटर, ताजे मटरों के मुकाबले जल्दी पकते हैं।

सामग्री

6 कटोरी पोहा (8 कटोरी भीगा हुआ)
1½ कटोरी मटर, उबले हुए
1½ कटोरी मक्का, उबले हुए
2 बड़े प्याज, कटे हुए
½ छोटी चम्मच तेल
1/4 छोटा चम्मच सरसों
1 चुटकी हींग
थोड़ा कढ़ी पत्ता
लंबाई में कटी 3 हरी मिर्च
2 कली लहसुन, कुचला हुआ (चाहें तो)
1 चुटकी हल्दी
2 छोटे चम्मच नींबू का रस
थोड़ा कटा धनिया, सजावट के लिए
4 कटोरी (2 कप पानी)
नमक स्वादानुसार

विधि

पोहे को थोड़े पानी से धोकर 2-4 मिनट भिगो दें।

फिर पानी से निथारकर रखें। कड़ाही के गर्म तेल में सरसों, हींग, कढ़ी पत्ता, हरी मिर्च व लहसुन डालकर भूनें। फिर प्याज, मटर व कार्न मिलाकर, प्याज गुलाबी होने तक भूनें।

अब पोहा, नमक व हल्दी मिला दें। सारी सामग्री मिलाने के बाद, जरूरत पड़े तो थोड़ा पानी डालें। जब पानी सूख जाए तो नींबू का रस व कटा हरा धनिया छिड़ककर, गर्म परोसें।

वेज ऑमलेट 4 सर्विंग

आप चाहें तो भुर्जी भी बना सकते हैं। इसे होल व्हीट टोस्ट पर डालकर खाएं।

सामग्री

8 अंडों की सफेदी/2 पूरे अंडे
1 छोटा चम्मच दूध
2 प्याज, बारीक कटे
3 टमाटर, बारीक कटे
1/2 हरी मिर्च, बारीक कटी
3 जैतून, कटे हुए (चाहें तो)
1/4 छोटा चम्मच पिसा जीरा-धनिया
1 लाल शिमला मिर्च, टुकड़े
1 पीली शिमला मिर्च, टुकड़े
1 गुच्छी धनिया पत्ती, कटी
1/4 छोटा चम्मच पिसी लाल मिर्च
1/2 छोटा चम्मच ऑलिव ऑयल/तेल
नमक स्वादानुसार

विधि : अंडे, दूध व नमक मिलाकर फेंट लें। फिर सारी सब्जियां मिला कर हल्के हाथ से फेंटे। नान-स्टिक पैन में तेल गर्म करें। अब अंडे-सब्जी के मिश्रण को फैलाकर डालें। पैन ढकें व ऑमलेट को 2-3 मिनट तक पकने दें। यदि दोनों ओर से भूरा चाहें तो इसे पलटें। चाहें तो ताजी काली मिर्च छिड़ककर, गर्म परोसें।

वेजी कटलेट सैंडविच 4 सर्विंग 2 स्लाइस प्रति सर्विंग

नाश्ते में इन्हें बनाना बेहद आसान है। चाहें तो फ्रिज में, एक रात पहले कटलेट का मिश्रण तैयार रख सकती हैं। फिर अगली सुबह देर नहीं होगी।

सामग्री

8 स्लाइस मल्टीग्रेन ब्रेड
3 कटोरी मिक्स वैज

कटलेट की सामग्री

1 छोटा चम्मच पिसा जीरा-धनिया
1 छोटा चम्मच लाल मिर्च
2 छोटा चम्मच नींबू का रस
1 चुटकी हल्दी
2 हरी मिर्च, बारीक कटी
1 छोटा चम्मच तेल
नमक स्वादानुसार
गाजर, फ्रेंचबीन, गोभी, सेलेरी
1 कटोरी मसले आलू

विधि

सब्जियों को हल्के भाप में पकाएं, पर वे क्रंची रहें। इनमें उबले आलू, मसाले व नमक मिलाएं। मिश्रण को धीमी आंच पर 5 मिनट तक पकाएं ताकि पानी सूख जाए व हल्का आटे जैसा मिश्रण हो जाए। इस मिश्रण से चार कटलेट बना लें।

एक नॉन-स्टिक पैन में तेल गर्म करें। कटलेट को दोनों ओर से शैलो-फ्राई करें। हर कटलेट को 2 स्लाइस में लगा सैंडविच बनाएं। एक सैंडविच से 1 सर्विंग तैयार होगी। पुदीने की चटनी से परोसें।

नाश्ता साथ ले जाना हो तो

अगर आप नाश्ता साथ ले जाना चाहें तो वह भी ले जा सकते हैं, बस 1, 2, 3 फार्मूला न भूलें।

वेज एंड पनीर सैंडविच **4 सर्विंग, 1 सैंडविच के लिए दो स्लाइस**

सामग्री

4 टमाटर, गोल कटे
2 खीरे, गोल कटे
6-8 सलाद पत्ते, धुले व सूखे)
16 क्यूब लो-फैट पनीर
(1''x1'' के टुकड़े, 4 क्यूब से 1 सर्विंग)
8 स्लाइस
(होल व्हीट, ब्रेड)
2 छोटे चम्मच मक्खन
नमक व काली मिर्च स्वादानुसार

विधि

ब्रेड स्लाइस पर मक्खन लगाएं। इन पर खीरे-टमाटर लगाकर, नमक-काली

मिर्च छिड़कें। फिर पनीर मसलकर डालें व ब्रेड लगाकर सैंडविच बना दें।

नोट : यदि आप प्लान मिनिमम में हैं तो आप एक स्लाइस से ओपन सैंडविच बनाएं या एक पीस के दो तिकोने टुकड़ों से आधा सैंडविच बनाएं।

चिकन एंड वैजी रैप 4 सर्विंग

सामग्री

8 रोटी - रैप के लिए

भरावन की सामग्री

4 पीस उबला/रोस्टेड चिकन	2 छोटे हरे प्याज, कटे
(3'' x 3'' के टुकड़े)	1/4 कप धनिया, कटा
3-4 गुच्छी सेलेरी, कटी	4-5 जैतून, कटे
1/2 छोटा चम्मच काली मिर्च	1 छोटा चम्मच तैयार मस्टर्ड ड्रेसिंग

विधि

भरावन की सामग्री मिलाकर मसालेदार चिकन मिश्रण तैयार करें। 8 रोटियों पर यह मिश्रण बराबर फैलाएं। हर रोटी को रोल करते हुए सील करें। एक टिन फॉयल में लपेटें। दो रोटियों से 1 सर्विंग बनेगी।

नोट : चिकन की बजाय रोस्ट टर्की या पानी में पैक ट्यूना मिला सकते हैं।

10

नियमित अंतराल का कार्यक्रम

बीच-बीच में खाएं

आपके काउंटडाउन नाश्ता, लंच व डिनर तो हैं लेकिन इनके बीच भूख लगेगी तो क्या करें? स्मार्ट स्नैकिंग अपनाएं। नियमित अंतराल पर खाने से शरीर में ब्लडशुगर का स्तर बना रहेगा व मेटावॉलिज्म भी फिट रहेगा।

हो सकता है कि आपको भी डाइट के दौरान स्नैकिंग की बात सुनकर हैरानी हो पर इससे पहले कि आप स्वयं को फ्रिज के आसपास मंडराते या बर्गर, समोसे व चॉकलेट केक की दावत उड़ाते देखें मैं स्पष्ट रूप से बता दूं कि यहां स्नैकिंग भी नियंत्रित रूप में होगी। इसे हम 'डिसीप्लिन मैचिंग' कहेंगे।

ये भी 1, 2, 3 फार्मूला पर आधारित हैं। बस फर्क इतना है कि स्नैकिंग के दौरान आप 1, 2, 3 विकल्प एक साथ नहीं ले सकते। आपको इन्हें अलग-अलग स्नैक टाइम में लेना होगा जैसे सुबह प्रोटीनयुक्त आहार लिया तो दोपहर को फल/सब्जी या शाम को सीरीयल ले सकते हैं। किसी भी दिन, इनके क्रम में फेरबदल कर सकते हैं।

हो सकता है कि यह आपको इतना खास न लगे पर मैं आपको बता दूं कि इसे नजर अंदाज न करें। मेरे क्लाइंटों में से एक 'अमित रेले' ने नाश्ता, लंच व डिनर का ट्रेक तो पकड़ लिया पर स्नैक ही बड़ी चुनौती बन गए। काम की व्यस्तता, लोगों से मिलने की आपाधापी व मीटिंगों के बीच यह स्नैकिंग उनकी प्राथमिकता नहीं थी।

आप अंदाजा लगा सकते हैं कि क्या हुआ होगा। अमित ने समय पाते ही ऑफिस के पकौड़े मंगाने शुरू कर दिए व रास्ते में आते-जाते बर्गर खाने लगे। इससे पहले कि अमित को पता चलता, उनकी डायटिंग नियंत्रण से बाहर हो गई।

अमित की तरह, आप व मैं भी व्यस्त जीवन जीते हैं। तीन समय का पूरा खाना ही नहीं ले पाते तो इनके बीच खाने को क्या कहें! मैं आपकी बात से सहमत नहीं हूं क्योंकि यदि योजना बना ली जाए तो कोई भी काम करना कठिन नहीं होता। यदि एक बार ध्यान कर लिया तो सब कुछ स्वयं ही ठिकाने पर आ जाएगा।

यह गैप कैसे भरें :

जिप लॉक का करें प्रयोग : मैंने भी इसे एक प्रभावी डायटिंग साधन के रूप में अपना ही लिया। पहले मैं अक्सर अपने स्नैक पैक करना भूल जाती थी या पैक स्नैक ही खाने भूल जाती पर अब मेरे बैग में कई तरह के स्नैक का स्टॉक होता है। जिप लॉक को आसानी से पर्स या ब्रीफ्केस में रख सकते हैं व मौका पाते ही खा सकते हैं, जैसे–फल, सैंडविच, रैप व स्प्राउट आदि।

अलार्म टाइमर्स : अलार्म भी काम आ सकते हैं। काउंटडाउन के आरंभ में अलार्म आपको स्नैक खाने की याद दिलाएंगे। बस सैल फोन में टाइम लगाने की देर है।

तथ्य परक बातें

भोजन के बीच जितना अंतराल अधिक होगा, उतनी अधिक भूख लगेगी यानी उतना ज्यादा अधिक खाने का खतरा बना रहेगा।

सही वक्त पर खाएं

आदर्श रूप से आपको हर दो-ढाई घंटे बाद कुछ खाना चाहिए। यदि आपने 7:30 बजे नाश्ता किया हो तो 10 बजे के करीब कुछ और हल्का-फुल्का खाएं। इसके बाद 12:30 के आसपास लंच लें।

अगर 9 बजे नाश्ता किया हो तो स्नैक का समय 11:30 होगा। वैसे यह सब घड़ी के अनुसार नहीं चल पाता पर आप थोड़ा-सा रूटीन बनाने की कोशिश तो करें।

लंच के दो-ढाई घंटे बाद स्नैक लें। यह अंतराल तीन घंटे से अधिक न हो।

एक दिशाहीन स्नैकर का मामला

मेरे नए क्लाइंट में से एक नंदिता मेहता, पूरी तरह से शाकाहारी है। वह मेरे पास तब आई, जब उसकी पिछली डाइट पूरी तरह से बेअसर रही। उसके डायटीशियन ने वजन घटाने के नाम पर, उसे डेयरी उत्पाद लेने की मनाही कर रखी थी। नंदिता को हर दो-तीन घंटे बाद लो-कैलोरी स्नैक खाने को कहा गया ताकि मेटावॉलिज्म काम करता रहे। उसने हेल्थ स्टोर से भुने फारसन व बेक्ड नमकीनों के पैकेट भर लिए व सारा दिन मजे से स्नैक्स खाती रहती।

तीन माह में ही उसने पाया कि उसके बाल झड़ रहे थे, चेहरा भी पीला व निस्तेज हो गया था। रात होते-होते वह थकान से निढाल हो जाती थी। डॉक्टर ने उसकी डाइट देखकर कहा कि उसे प्रोटीन व विटामिन $बी_{12}$ की कमी थी। उसकी सीमित डाइट ने परेशानी खड़ी कर दी थी।

नंदिता को किसी ने नहीं बताया था कि यदि वह विभिन्न स्रोतों से पोषक तत्व नहीं लेगी तो वजन घटाना खतरनाक हो सकता है जब सेहत को नुकसान होने लगा तो उसे स्वस्थ व संतुलित डाइट प्लान की अहमियत समझ आई।

मैंने उसे सलाह दी कि उसे हर दो-तीन घंटे बाद कुछ-न-कुछ खाना चाहिए, लेकिन थोड़ा संभलकर। नंदिता ने नाश्ते के बाद भुने खाकरे, दोपहर को दही व शाम को एक फल लेना शुरू किया। वह हरी चाय या नारियल पानी का भी स्वाद लेती। उसने नाश्ते, लंच व डिनर में भी प्रोटीन की मात्रा बढ़ा दी। इस डाइट प्लान से उसे पूरा पोषण मिलने लगा और बोनस भी। उसके भोजन में भी स्वाद आ गया।

मैंने हाल ही में नंदिता से फिर भेंट की। उसके बालों व चेहरे की चमक लौट आई थी। कुछ किलो वजन घटाने के बाद वह फिट और ट्रिम दिखने लगी। उसने बताया कि उसने अपनी सरप्लस एनर्जी के इस्तेमाल के लिए अपने पति के साथ साल्सा डांस की क्लास में दाखिला ले लिया।

प्लस मिनिमम, मीडियम व मैक्सिमम के लिए इन-बिटवीन एक जैसे हैं :

पेय पदार्थ + बाइट = संतुलित इन - बिटवीन

पेय पदार्थ व बाइट से आपको संतुलित पोषक तत्व मिलते हैं व अगले भोजन के समय तक पेट भी भरा हुआ लगता है।

नाश्ते के बाद	*पेय पदार्थ 1 कप + बाइट 1 सर्विंग*
दोपहर को	
लंच के बाद	*पेय पदार्थ 1 कप + बाइट 1 सर्विंग*
शाम को	*पेय पदार्थ 1 कप + बाइट 1 सर्विंग*

तीन काउंटडाउन डाइट समूहों के लिए पेय पदार्थों की सूची

अपना पेय पदार्थ स्वयं चुनें 2 कटोरी (1 कप)

स्किम्ड मिल्क

या

बटर मिल्क

या

सूप/रसम

या

वैज जूस

या

हर्बल चाय या कैफीन रहित चाय या कॉफी

या

नारियल पानी

या

1/2 सर्विंग दूध के साथ कॉफी + 1 चम्मच चीनी

या

सादी चाय/मसाला चाय/इलायची चाय/1/2 सर्विंग दूध के साथ अदरक वाली चाय + 1 चम्मच चीनी

नोट : दिन में 2 कप से ज्यादा चाय/कॉफी न लें। इसमें कैफीन होती है। इसमें आपकी बेड टी के साथ नाश्ते वाली चाय-कॉफी भी शामिल हैं।

अपने खाद्य पदार्थ चुनें

पूरे दिन में आपको भोजन के दौरान तीन बार खाद्य पदार्थ चुनने की अनुमति है। आपको 1, 2, 3 भोजन समूह से अपने विकल्प चुनने होंगे। इनमें एक सर्विंग सिरियल, एक सर्विंग फल/ सब्जी या किसी भी प्रोटीन युक्त

भोजन की एक सर्विंग शामिल होनी चाहिए। आप क्या खा सकते हैं, इसके लिए कोई तयशुदा नियम नहीं हैं।

सीरीयल बाइट

2 कटोरी हल्के मुरमुरे
या
2 छोटे भुने खाकरे
या
1 बड़ी स्लाइस ब्रेड

अगर जिप लॉक विकल्प चाहते हैं तो 2 क्रीमरहित बिस्कुट या 2 भुने खाकरे साथ रखें।

ड्राई सीरीयल भी मजे से चबा सकते हैं...

फल व सब्जी बाइट

1 कटोरी मिक्स फल/सब्जी
या
1 फल
या
3 सूखे फल जैसे–खुमानी, अंजीर व मुनक्का आदि।

कुछ चटपटा खाना चाहें तो फल-सब्जियों पर नींबू छिड़कें या स्वाद बढ़ाने के लिए थोड़ा चाट मसाला या मिर्च डाल लें।

प्रोटीनयुक्त फूड बाइट

5 मेवे
या
1 कटोरी दही
या
4 क्यूब लो-फैट पनीर/लो-फैट फीटा चीज़/टोफू
या
1 कटोरी मूंग दाल/3 पीस ढोकला/ 1 डोसा/1 पंकी/ 1 चीला
या

1 मध्यम आकार में व्हाईट मीट-चिकन ब्रेस्ट/टर्की ब्रेस्ट/फिश

या

2 अंडों की सफेदी

कुछ क्रीमी खाना चाहते हैं तो दही में थोड़ा वनीला एसेंस व पिसी इलायची मिला लें।

ध्यान दें : वसा व चीनी

इस तरह भोजन के बीच लिए जाने वाले स्नैक में केवल 1/2 चम्मच वसा लेने की ही अनुमति है।

जोकि मक्खन, तेल, घी या क्रीम के रूप में हो सकता है। आप पूरे दिन में केवल 2 चम्मच चीनी ले सकते हैं। अपनी रोज़मर्रा की खपत को ध्यान में रखें।

भोजन में सुगंध व स्वाद लाने के लिए	
धनिया पुदीना चटनी	*ऑरीगेनो*
मस्टर्ड	*चिली फ्लेक*
नींबू का रस	*बेसिल पत्ती*
वनीला	*अदरक*
इमली की चटनी	*इलायची*
हरी मिर्च	*जीरा*
चाट मसाला	*गरम मसाला*
प्याज/लहसुन	*टमाटर/खीरा*

कृपया ध्यान दें कि भोजन के बीच खाए जाने वाले ये स्नैक्स, तीनों प्रकार के प्लान वाले डायटर्स के लिए हैं। पूरे दिन में तीन खाद्य समूह लेना न भूलें। आप दिन में एक बार किसी भी स्नैक में 1/2 चम्मच वसा ले सकते हैं।

परिशिष्ट 'ब' से जानें कि। सर्विंग क्या है ? इसी से आप अपने प्लान के हिसाब से खाद्य पदार्थों की मात्रा तय कर सकेंगे। यदि अधिक स्पष्ट विकल्प चाहें तो परिशिष्ट 'ब' देखें।

भोजन के मध्य लिए जाने वाले स्नैक्स

1 कटोरी - 1/2 कप = 100 ग्राम

2 कटोरी - 1 कप = 200 ग्राम

यहां कुछ विकल्प प्रस्तुत हैं :

सीरीयल विकल्प

= एलाउंस = 1 सर्विंग

रवा इडली

कुरमुरा

होल व्हीट, बिस्कुट- 2

पॉपकार्न

बाजरा ढोकला

1 स्लाइस होल ग्रेन ब्रेड/खाकरा/पुदीना चटनी के साथ थेपला

रवा इडली 4 सर्विंग

सामग्री

2 कटोरी सूजी/रवा

1 1/2 - 2 कटोरी पानी

1/2 छोटा चम्मच कद्दूकस अदरक

2 बारीक कटी हरी मिर्च

1/2 छोटा चम्मच सोडा बाईकार्ब

1/4 कप गाजर कद्दूकस (चाहें तो)

2-3 धनिया पत्ती की हनी (बारीक कटी)

कुछ बूंदे नींबू का रस

नमक स्वादानुसार

विधि

रवा हल्का सा भूनें। फिर घोल में सारी सामग्री व पानी मिला दें। यह घोल बहुत गाढ़ा या बहुत पतला न हो। इसमें गांठें न हों। करीब आधे घंटे तक पड़ा रहने दें।

उबलते पानी में, घी लगा इडली का स्टैंड लगाएं। उसके खानों में घोल को समान मात्रा में पलटें। प्रेशर कुकर का इस्तेमाल भी कर सकते हैं।

15-20 तक मिनट भाप दें। इडली ठंडी हो जाए तो चम्मच से निकालें। धनिये की चटनी से परोसें।

विकल्प : इडली को जिप लॉक पाउच में भी ले जा सकते हैं।

बाजरा-रागी ढोकला 4 सर्विंग

सामग्री

2 कटोरी बाजरा- रागी आटा

2 कटोरी पानी

1 छोटा चम्मच पिसा लहसुन
1/2 छोटा चम्मच पिसी हरी मिर्च
1/4 छोटा चम्मच हींग
बारीक कटा धनिया
1 छोटा चम्मच सोडा बाईकार्ब
नमक स्वादानुसार

विधि

बाजरा-रागी आटा एक डोंगे में निकालें। इसमें सोडा, पानी, नमक व हींग मिलाकर गाढ़ा घोल बना लें। इस मिश्रण को 4 घंटे पड़ा रहने दें। फिर लहसुन व मिर्च का पेस्ट बनाकर अच्छी तरह मिलाएं।

एक पतीले में थोड़ा पानी उबालें। एक थाली में घी का हाथ लगाकर घोल उसमें पलटें। थाली को उबलते पानी के ऊपर रखकर ढकें व घोल को भाप में अधपका होने दें।

10-15 मिनट बाद चाकू डालकर देखें कि ढोकले पके या नहीं। यदि पक जाएं तो थाली को आंच से उतारकर ठंडा करें। कटा धनिया डालकर परोसें।

बाजरा व रागी पावर पैक अनाज हैं। ये आयरन व कैल्शियम से भरपूर होते हैं। मिश्रित सीरीयल की डाइट सिंगल से कहीं बेहतर होती है क्योंकि इससे आपको विभिन्न पोषक मूल्य प्राप्त होते हैं।

फल व सब्जी विकल्प:

एलाउंस = 1 सर्विंग
भाप में पकी सब्जियां
कटा खीरा व टमाटर, नींबू सहित
सेब-नाशपाती स्ट्यू
भुट्टा
अमरूद की चाट

भाप मे पकी सब्जियां **4 सर्विंग**

सामग्री

2 गाजर, मोटी पट्टियां
1 मुट्ठी फ्रेंच बीन
4-6 गोभी के फूल
4-6 ब्रोकली फूल
8 बेबीकॉर्न

विधि : सब्जियां धोकर लंबे टुकड़े काटें। गर्म पैन में रखकर हल्का नमक व काली मिर्च मिलाएं।

सब्जियों को उनके रस में ही, भाप में पकाएं। थोड़ा पानी का छींटा दे सकते हैं।

जब सब्जियां क्रंची हो जाएं तो आंच से उतारकर ठंडी करें। चाट मसाला या चिली फलेक डालकर परोसें।

इन्हें जिप लॉक बैग या प्लास्टिक के डिब्बे में बाहर भी ले जा सकते हैं।

भाप में पकी सब्जियों की गंध व पोषक मूल्य बरकरार रहते हैं जबकि उबली सब्जियों के पोषक तत्व पानी में घुल जाते हैं, जिसे हम प्रायः फेंक देते हैं।

अमरूद की चाट **4 सर्विंग**

सामग्री

4 मध्यम आकार के अमरूद
1 छोटा चम्मच चाट मसाला
1/2 छोटा चम्मच पिसी लाल मिर्च
1/2 छोटा चम्मच नींबू का रस

विधि : अमरूद से बीज निकालें व टुकड़ों में काटें। चाट मसाला, मिर्ची व नींबू का रस छिड़ककर परोसें।

प्रोटीन से भरपूर विकल्पः

एलाउंस = 1 सर्विंग
चिकन शेक 'एन' बेक
मूंग स्प्राउट मेडले
पनीर सॉते

चिकन शेक 'एन' बेक **4 सर्विंग**

सामग्री

2 मध्यम आकार के चिकन ब्रेस्ट, बोनलेस व स्किन लेस
1 छोटा चम्मच सोया सॉस
1 छोटा चम्मच तैयार मस्टर्ड
2 छोटे चम्मच टेरीयाकी सॉस
2 छोटे चम्मच वार्कशायर सॉस(चाहें तो)
नमक स्वादानुसार

विधि : दो चिकन ब्रेस्ट को चार टुकड़ों में काटें व चपटे टुकड़े बनाएं। चिकन के टुकड़े एक बड़े जिप पाउच में रखें, सारी सॉस मिलाएं व सील कर दें। बैग हिलाकर सब कुछ मिला लें। इसे आधा घंटा फ्रिज में रखें।

ओवन में 350^0c पर गर्म करें। बैग को फ्रिज से निकालकर हिलाएं। फिर चिकन के टुकड़े एक फॉयल ट्रे पर रखें व आधा घंटा बेक करें। बीच-बीच में पलटें।

मूंग स्प्राउट मेडले **4 सर्विंग**

सामग्री

4 कटोरी अंकुरित मूंग (भाप में पकी)	2 छोटे चम्मच नींबू का रस
	1 हरी मिर्च (बारीक कटी)
2 कटे टमाटर	नमक स्वादानुसार
1 बड़ा गुच्छा हरे प्याज (कटे)	

विधि : सारी सामग्री एक साथ मिलाकर झटपट परोसें।

पनीर सॉते **4 सर्विंग**

सामग्री

16 क्यूब लो-फैट पनीर	1 छोटा चम्मच तेल
1''x 1'' के टुकड़े	छिली फलेक
2 छोटे चम्मच हरा लहसुन	1/2 छोटा चम्मच दरदरी काली मिर्च
(बारीक कटा)	नमक स्वादानुसार

विधि : नॉन-स्टिक पैन में तेल गर्म करके लहसुन भूनें। फिर पनीर व मसाला मिला दें। कुछ मिनट भूनें। गर्मागर्म परोसें।

वे प्रोटीन

पनीर बनाने से बचा तरल पदार्थ 'वे' कहलाता है। यह लेक्टिक एसिड व अमूल्य प्रोटीनों से भरपूर होता है पनीर बनाते समय उसका बचा पानी न फेंके। इसे सूप में डालें या आटा गूंद लें। रोटी पौष्टिक हो जाएगी।

11

दोपहर भोजन का कार्यक्रम

हल्का भोजन काफी फायदेमंद होता है

लंच का वक्त है, दोस्तों! जैसा कि हम जानते हैं, लंच सभी शेप व साइज में आता है थाई लंच, बुफे लंच, ढाबा लंच, सैंडविच लंच, ऑन द गोल लंच, वीकएंड लंच, ब्रंच वगैरह। तो आपका लंच कैसा दिखता है।

लंच इतनी अहमियत रखता है पर इसके बारे में कुछ भी कहना मुश्किल होता है। आपका रूटीन साप्ताहिक रूप से बदल सकता है या हर रोज़ अलग-अलग हो सकता है। कभी-कभी तो आप यह भी नहीं जानते कि लंच में क्या लेंगे या कहां खाएंगे।

मैंने इन्हीं बातों को ध्यान में रखते हुए डाइटर्स के लिए काफी लचीला काउंटडाउन तैयार किया है ताकि इन चुनावों से आपकी जिंदगी काफी आसान हो जाए। चूंकि आप दिन में, लंच में ली गई कैलोरी व्यय कर सकते हैं इसलिए यह आपका प्रमुख भोजन हो सकता है पर बुरी खबर यह है कि भारी व गरिष्ठ लंच से शरीर ढीला पड़ जाता है क्योंकि इस समय शरीर की घड़ी झपकी का संकेत देती है।

आपको भी मेरी तरह एक बढ़िया संतुलन साधना होगा। मैं काम के दौरान हल्का लंच लेती हूं। दोस्तों के साथ लंच लेते समय कैलोरी पर नज़र रखती हूं।

वीक 4 में आपके लिए क्या है?

आपके फोर-वीक कांउटडाउन का चौथा सप्ताह है। अब आपका पूरा डाइट प्लान सक्रिय है व आप पहली बार पूरे दिन काउंटडाउन निर्देशों के अनुसार खाएंगे। यह बदलाव धीरे-धीरे आया है।

इसलिए काउंटडाउन का यह अंतिम चरण भी सहज ही रहना चाहिए।

चौथे सप्ताह का विशेष अंग? नतीजे दिखने लगेंगे....।

वजन घटने लगेगा व चेहरे पर मुस्कान आ जाएगी।

दूसरे काउटडाउन मेन्यू की तरह लंच भी संतुलित पोषण देता है। 1, 2, 3 फार्मूला में 3 प्रमुख व बुनियादी समूह शामिल हैं :

1. सीरीयल से शरीर की ऊर्जा के लिए कार्ब मिलते हैं।
2. फल व सब्जी विटामिन, मिनिरल व फाइबर देते हैं।
3. प्रोटीनयुक्त भोजन से प्रोटीन मिलता है।

मुझे आपको याद दिलाने की आवश्यकता नहीं कि आपके खान पान के तरीके पर ही डाइट प्लान की सफलता निर्भर करती है। काउंटडाउन आपके सिस्टम को थोड़ी-थोड़ी मात्रा के साथ फिट रखता है। अब आपका शरीर इस नए सिस्टम को स्वीकार चुका है इसलिए बहुत जरूरी है कि आप चौथा सप्ताह पूरा होने के बाद भी इस प्रक्रिया को यूं ही जारी रखें।

आगे की जानकारी के लिए 'वे फारवर्ड' अध्याय पर ध्यान दें।

पुरुषों को प्रतिदिन अधिक कैलोरी चाहिए

उन्हें अधिक कैलोरी की मात्रा लेनी चाहिए इसीलिए उन्हें 4 वीक काउंटडाउन में निम्नलिखित को शामिल करना चाहिए :

1 सर्विंग सीरीयल + 1 सर्विंग प्रोटीनयुक्त भोजन

यह एक्सट्रा एलाउंस लंच, डिनर, नाश्ता या बीच में भी ले सकते हैं।

लंच चेक-इन

वजन घटाने की जरूरत के हिसाब से लंच चुनें व मेरे प्लान में से उपयुक्त प्लान चुनें।

अ - ब परिशिष्टों से अतिरिक्त जानकारी अवश्य लें।

प्लान–मिनिमम लंच

4 किलो तक वजन घटाने वाली महिलाओं के लिए,

1. सीरीयल **1 सर्विंग**

2 छोटे फुल्के/1 बड़ी रोटी/1 बड़ा स्लाइस ब्रेड (किसी भी सीरीयल से बनी)

या

1. कटोरी मनपसंद पका सीरीयल (चावल, पास्ता, पोहा, रवा)

+

2. फल + सब्जी 2 सर्विंग

2 कटोरी मनपसंद (थोड़े आलू, जैकफ्रूट, यैम, केला)

+

3. प्रोटीनयुक्त भोजन 1 सर्विंग

1 कटोरी मूंग दाल या स्प्राउट

या

4. क्यूब लो–फैट पनीर /लो–फैट फीटा चीज़/टोफू/1 कटोरी लो–फैट दही

या

1 मध्यम आकार में सफेद मीट का टुकड़ा (चिकन ब्रेस्ट/टर्की ब्रेस्ट/फिश)

या

2 अंडों की सफेदी

प्लान–मीडियम लंच

4 किलो तक वजन घटाने वाले पुरुषों व 5–10 किलो तक वजन घटाने वाली महिलाओं के लिए।

1. सीरीयल 1 सर्विंग

2 छोटे फुल्के/1 बड़ी रोटी / 1 बड़ी स्लाइस ब्रेड (किसी भी सीरीयल से बनी)

या

1 कटोरी मनपसंद सीरीयल (चावल, पास्ता, पोहा, रवा)

+

2. फल व सब्जियां 2 सर्विंग

2 कटोरी मनपसंद (थोड़े आलू, जैकफ्रूट, यैम, केला)

+

3. प्रोटीनयुक्त भोजन 1 सर्विंग

1 कटोरी मूंग दाल या स्प्राउट

या

4 क्यूब लो-फैट फीटा पनीर + लो-फैट फीटा चीज़/टोफू / 1 कटोरी लो/फैट दही

या

मध्यम आकार में सफेद मीट का 1 टुकड़ा (चिकन ब्रेस्ट/टर्की ब्रेस्ट/फिश)

या

2 अंडों की सफेदी

प्लान-मैक्सीमम लंच

5 किलो से अधिक वजन घटाने वाले पुरुषों व 11 किलो से अधिक वजन घटाने वाली महिलाओं के लिए,

1. सीरीयल **2 सर्विंग**

2 बड़ी रोटी / 2 बड़े ब्रेड स्लाइस (किसी भी सीरीयल से बना)

या

2 कटोरी मनपसंद सीरीयल (चावल, पास्ता, पोहा, रवा)

+

2. फल व सब्जियां **2 सर्विंग**

2 कटोरी मनपसंद (थोड़े आलू + जैकफ्रूट, जैम, केला)

+

3. प्रोटीन युक्तभोजन **1 सर्विंग**

1 कटोरी मूंग दाल या स्प्राउट

या

4 क्यूब लो-फैट पनीर/लो-फैट फीटा चीज़/टोफू/1 कटोरी लो-फैट दही

या

1 मध्यम आकार में सफेद मीट का टुकड़ा (चिकन ब्रेस्ट/टर्की ब्रेस्ट/फिश)

या

2 अंडों की सफेदी

तथ्य परक बातें

पुरुषों में महिलाओं की तुलना में अधिक टेस्टोसरॉन होता है। यह हारमोन मासंपेशियों के विकास में वृद्धि करता है अतः एक पुरुष का अधिक मांसपेशीयुक्त शरीर विश्राम व व्यायाम के दौरान अधिक कैलोरी व्यय करता है।

बुफे लंच

बुफे लंच के दौरान लालच से बचें। स्मार्ट खान पान की कला सीखें। वही खाद्य पदार्थ लें, जिन्हें खाने की अनुमति हो। अपनी सीमा में रहें। सलाद तो लें पर क्रीमी ड्रेसिंग से दूर रहें। प्रोटीन पिक के लिए स्वस्थ विकल्प चुनें। ऐसे सीरीयल चुनें, जिनमें सैचुरेटिड वसा न हो। परांठे की बजाय तंदूरी रोटी लें या पुलाव की बजाय सादा चावल लें।

मैं यहां एक टिप देना चाहूंगी। मैं प्लेट में सब्जियां व सलाद भर लेती हूं ताकि ऐसा न लगे कि मैं डाइट पर हूं पर मैं खुद चौकस रहती हूं कि मैं डाइट पर हूं और मुझे लो-कैल विकल्प ही लेने हैं। इस तरह मैं पूरी तरह से गिल्ट फ्री हो के खाती हूं।

लंच ऑन द गो

यदि लंच पैक करके ले जाना है व कहीं भी खाना पड़े तो उसके लिए रैप, रोल व सैंडविच अच्छे विकल्प हैं।

याद रखें कि जो भी विकल्प चुनें। उसमें 1, 2, 3 फार्मूला शामिल हो। उदाहरण के लिए, यदि सैंडविच लें व सिंगल ब्रेड का एलाउंस हो तो खुला सैंडविच खाएं। उस पर अपने कोटे का 1/2 चम्मच मक्खन लगाकर, टमाटर-खीरा रखकर खाएं। कैफीन रहित, दूध वाली कॉफी ले लें। आपके 3 बुनियादी खाद्य समूह पूरे हो जाएंगे।

ब्रेड स्लाइस	=	सीरीयल
कटी सब्जियां	=	सब्जी
दूध वाली डी-कैफ कॉफी	=	प्रोटीनयुक्त भोजन

मांसाहारी फल/ सब्जी विकल्प में सेब के साथ आप चिकन सैंडविच खा सकते हैं।

ब्रेड स्लाइस	–	सीरीयल
सेब	–	फल
चिकन	–	प्रोटीनयुक्त भोजन

थ्री इन वन लंच के विकल्प

एक डिश वाले लंच भी अच्छा विकल्प हैं। ओरियंटल, थाई, चाइनीज़ व वियतनामी व्यंजनों में ऐसे कई स्वादिष्ट विकल्प मौजूद हैं। अच्छे लो-कैलोरी विकल्पों में नूडल्स व सब्जियों के साथ गर्म शोरबा + टोफू या चिकन शामिल होता है।

सब्जियां	–	सब्जी
नूडल्स	–	सीरीयल
टोफू पनीर/चिकन	–	प्रोटीनयुक्त भोजन

मैं प्रायः वर्किंग लंच के तौर पर ब्रेड स्लाइस के साथ ग्रीक सलाद लेना पसंद करती हूं। यह काफी हल्का व बनाने में आसान है। इसमें मेरा मनपसंद फीटा चीज़ भी होता है। यह गर्मियों के लिए अच्छा है तथा 1, 2, 3 समूह की जरूरतें पूरी करता है। मैं इस पर थोड़ा-सा बालसैमिक सिरका व एक्सट्रा वर्जिन ऑयल छिड़ककर मजे से खाती हूं।

ब्रेड स्लाइस	–	सीरीयल
सलाद पत्ता, ऑलिव	–	सब्जी
लो-फैट फीटा चीज़	–	प्रोटीन

यात्रा करने वाले सेल्समैन का मामला

मि. नाडकर एक ट्रेवल कंपनी के सेल्समैन थे जो हॉलीडे पैकेज बेचते थे। उनके शेड्यूल काफी कड़े होते व मुलाकातों के बीच ही लंच का समय आ जाता। उन्हें रेस्तरां का खाना नापसंद था इसीलिए उनकी पत्नी डिब्बा पैक करके देतीं, जिसे वे अपने स्कूटर में रखते।

उनकी पत्नी उन्हें खुश रखने के चक्कर में अक्सर ज्यादा घी-तेल वाले विविध व्यंजन पकातीं। उस गरिष्ठ भोजन से मि. नाडकर का वजन बढ़ गया। उन्हें दोपहर में नींद भी आती। उन्होंने एक डॉक्टर दोस्त की मदद से लंच में सुधार का फैसला किया। उन्हें हल्का पर पौष्टिक लंच लेने की सलाह मिली। श्रीमती नाडकर ऐसा लंच देने लगीं जो हल्का पर प्रोटीन, विटामिन, मिनिरल व कार्ब से भरपूर था।

मि. नाडकर को 1 कप दही के साथ अपना रोटी-सब्जी रैप पसंद आता। कभी-कभी वे कंपूबर के साथ पनीर-टिकका रोल खाते। गर्मियों में वे

दही-भात खाते जो टमाटर-खीरे से युक्त होता व एक थर्मावेव कंटेनर में गर्म रहता।

यह प्रयोग सफल रहा। न केवल वजन घटा बल्कि वे काफी चुस्त रहने लगे। वे बड़ी शान से घर का बना भोजन ले जाते रहे व सबके सामने पत्नी की प्रशंसा करते। अब लंच के बाद ऊंघने की बजाय वे दूसरी मीटिंग के लिए चुस्त दिखते।

क्विक री कैप : ब्लडशुगर को संतुलित रखने के लिए नियमित अंतराल पर थोड़ा-थोड़ा खाएं। अपने स्वस्थ भोजन की योजना पहले से बना लें व उस पर टिके रहें।

- अपनी साप्ताहिक फूड डायरी बनाएं व उसमें अपने कमजोर बिंदु लिखें।
- दिल खोलकर पानी पिएं।
- जो भोजन करने वाला न हो, उस पर अलग तरह के वाक्य लिख दें।
- मानसिक रूप से स्यंय को एक 'हैल्दी ईटर' मानें
- भोजन में नयापन लाने के लिए हर्ब्स व स्लाइस का प्रयोग करें।

लंच रेसिपी

1 कटोरी = 1/2 कप = 100 ग्राम

2 कटोरी = 1 कप = 200 ग्राम

यहां प्लान मिनिमम व मीडियम के लिए लंच सर्विंग सुझाव दिए गए हैं। यदि प्लान मैक्सिमम लें तो सीरीयल की मात्रा दुगनी कर दें व बाकी मेन्यू के सर्विंग साइज वही रहेंगे।

1, 2, 3 लंच कॉम्बो सुझाव

1 कटोरी (1/2 कप) चावल + 2 कटोरी (1 कप) कचूंबर + 1 सर्विंग टोमैटो फिश

या

1 स्लाइस होल व्हीट ब्रेड + 2 कटोरी (1 कप) सांते मशरूम + 1 सर्विंग चिकन एक ला किंग

या

1 रोटी + 2 कटोरी (1 कप) मिक्स वैज सब्जी + 2 कटोरी (1 कप)

पुदीना - दही रायता

या

1 कटोरी (1/2 कप) ब्राउन चावल + 2 कटोरी (1 कप) हरी सब्जी + 1 कटोरी (1/2 कप) पीली मूंग दाल

या

1 कटोरी (1/2 कप) गार्लिक पनीर नूडल्स + 2 कटोरी (1 कप) स्टीम वैज

या

1 तंदूरी रोटी + 2 कटोरी (1 कप) ओकरा सब्जी + 1 कटोरी हरी मूंग दाल

टोमैटो फिश 4 सर्विंग

सामग्री

4 मध्यम फिश-फिलेट
(कोई भी सफेद फिश)
2 प्याज, बारीक कटे
हरी शिमला मिर्च, जूलियंस
2 हरी मिर्चें, कटी
2'' अदरक, जूलियंस
एक मुट्ठी पुदीना पत्ती, कटी
नमक स्वादानुसार

सॉस की सामग्री

1 प्याज, बारीक कटा
4 टमाटर, बारीक कटे
4 कली लहसुन, कुचला हुआ
1 छोटा चम्मच पिसी लाल मिर्च
1 बड़ा चम्मच अरारोट पाउडर
1 कटोरी पानी
2 बड़े चम्मच वाइन सिरका
1 चुटकी चीनी
1 छोटा चम्मच तेल
नमक स्वादानुसार

सॉस की विधि : सॉस बनाने के लिए प्याज, टमाटर, लहसुन, नमक व मिर्च को 20 मिनट तक धीमी आंच पर पकाएं। सॉस से टमाटर के छिलके छानें व उसे दूसरे पैन में पलटकर, लगातार चलाते हुए पकाएं।

पानी में अरारोट घोलकर, सॉस में डालें। साथ ही सिरका व चीनी मिला दें, लगातार चलाएं ताकि सॉस गाढ़ी हो जाए।

फिश बनाने की विधि : गर्म तेल में प्याज भूनें व पैन से निकालकर रखें। उसी तेल में मछली व नमक मिलाकर मछली को सुनहरा-भूरा भून लें। फिर पैन में प्याज, हरी मिर्च, अदरक व शिमला मिर्च मिला दें। फिश के टुकड़ों पर टमाटर की सॉस डालें।

फिश को पांच मिनट तक पकाएं व आंच से उतारें।

पुदीने की पत्तियों से सजाएं। चावल व क्चूबर के साथ गर्म परोसें।

चिकन ए ला किंग 4 सर्विंग

सामग्री

2 चिकन ब्रेस्ट (पकी व छोटे टुकड़ों में)
1/2 छोटा चम्मच जैतून का तेल
1 कटा प्याज
1 हरी मिर्च, बीजरहित व कटी
2-3 कली लहुसन, दरदरी
1 छोटा चम्मच पिसा जायफल
नमक व काली मिर्च स्वादानुसार

विधि : तेल गर्म करें, उसमें प्याज, लहसुन, हरी मिर्च व काली मिर्च भूनें। फिर पका चिकन व बाकी मसाले मिला दें। मल्टीग्रेन ब्रेड स्लाइस के साथ गर्म परोसें।

मिक्स वैज सब्जी 4 सर्विंग 4 कटोरी (2 कप)

अजवायन इस डिश को अनूठा मैडीटेरियन स्वाद देती है।

सामग्री

1 कटोरी गाजर, लंबी कटी
1 कटोरी बींस, लंबी कटी
1 कटोरी बैंगन, 1'' के टुकड़े
1 कटोरी प्याज लंबाई में कटे
1 कटोरी टमाटर लंबाई में कटे
1 छोटा चम्मच जीरा
1/2 छोटा चम्मच गरम मसाला
1/2 छोटा चम्मच पिसी हल्दी
1/4 छोटा चम्मच लाल मिर्च
1 छोटा चम्मच तेल
नमक स्वादानुसार

विधि

एक नॉन-स्टिक पैन में तेल गर्म करके प्याज व अजवायन भून लें। फिर गाजर व बींस डालकर 5 मिनट तक भूनें। फिर बैंगन डालकर सारी सब्जियां नरम होने तक पकाएं। हल्दी, टमाटर, गरम मसाला, लाल मिर्च व नमक मिला दें, टमाटर नरम होने तक पकाएं पर उन्हें पूरी तरह गलने न दें।

अधपके टमाटरों से ताजा स्वाद आएगा। गर्म परोसें।

5 कटोरी सब्जी से 4 कटोरी पकी सब्जी तैयार होगी।

ग्रीन वैज **4 सर्विंग 2 कटोरी (1 कप)**

सामग्री

2 बड़ी गुच्छी सरसों का साग
1 बड़ी गुच्छी पालक
1 छोटा चम्मच अदरक-लहसुन पेस्ट
4 हरी मिर्च, लंबाई में कटी
1 छोटा चम्मच नींबू का रस
1 चुटकी गरम मसाला
नमक स्वादानुसार

तड़के की सामग्री

1 छोटा चम्मच सरसों का तेल
1 प्याज, कद्दूकस
1 चुटकी पिसी लाल मिर्च
1 चुटकी हींग

विधि

सरसों व पालक धोकर काटें। इसमें अदरक-लहसुन का पेस्ट, नमक व 1 कटोरी पानी मिलाकर प्रेशर कुकर में पकाएं। धीमी आंच पर 4-5 मिनट तक रखें। ठंडा होने पर इसे पीस लें।

एक नॉन-स्टिक पैन में सरसों का तेल गर्म करें व हींग डालकर प्याज भूनें। पिसी सब्जी डालकर तेल में पकने दें। फिर लाल मिर्च व नींबू का रस मिलाकर गर्म परोसें।

गार्लिक पनीर नूडल्स **4 सर्विंग**

सामग्री

4 कटोरी उबले-पके नूडल्स (होल व्हीट)
2 गुच्छी सेलेरी, तिरछी कटी
1 सफेद प्याज, टुकड़े
4 कली लहसुन, पिसा
1 छोटा चम्मच हल्की सोया सॉस
1 छोटा चम्मच सफेद सिरका
16 क्यूब लो फैट पनीर क्यूब (1'' x 1'')
1 छोटा चम्मच हॉट चिली सॉस
1 छोटा चम्मच सीसम ऑयल

विधि

एक कड़ाही में तेल गर्म करके प्याज, सेलेरी व लहसुन डालकर उसे 5 मिनट तक लगातार चलाएं। फिर पनीर, सोया सॉस, हॉट सॉस व सिरका मिला दें। नूडल्स को नरम होने तक नमकीन उबलते पानी में रखें।

नूडल्स छानें व कड़ाही में टॉस करें, मिक्स करने के बाद गर्म परोसें।

ओकरा सब्जी : 4 सर्विंग 4 कटोरी (2कप)

सामग्री

4 कटोरी भिंडी धुली व सूखी

भरावन की सामग्री

2 बड़े चम्मच बारीक पीसी पत्तागोभी

1/2 छोटा चम्मच हल्दी

1/4 छोटा चम्मच पिसी लाल मिर्च

1 छोटा चम्मच तेल

नमक स्वादानुसार

विधि

भिंडी में, लंबाई में चीरे लगाकर रखें। भरावन की सामग्री को भिंडी में भरें। भिंडी पर 1 चम्मच तेल ब्रश से लगाएं। स्टीमर में भाप दें या उबलते पानी के ऊपर छलनी में रखें। भिंडी गलने तक पकाएं व गर्म परोसें।

भाग - 2

आगे बढ़ने का मार्ग

12

पांचवां सप्ताह व उससे आगे

यो यो डाइटर का मामला

मेरी एक क्लाइंट स्मिता कोठारी, एक एनआरआई है, जो यू.एस.ए. में रहती है। उसकी तेजी से भागती दिनचर्या में किसी भी तरह की तयशुदा डाइट के लिए कोई जगह नहीं है।

जब वह बाहर होती तो फूड लेवल पर नजर रखती व खान-पान को नियमित कर लेती। कई बार वजन घटाने के चक्कर में या तो भूखी मरती या हरा सलाद ही कुतरती रहती।

फिर अचानक आ गए कॉकटेल या बुफे से सब्र का बांध टूट जाता। स्मिता चाहकर भी अपनी सोशल लाइफ का कुछ नहीं कर सकती थी। पार्टी के अनियमित घंटे, फैंसी कॉकटेल स्नैक व डिनर, इन सबके साथ रहना उसकी मजबूरी बन जाता।

जब उसकी डिजाइनर जींस फंसने लगती और जब जिप तक लगाना मुश्किल हो जाता तो उसकी आंखें खुलतीं। वह पछतावे की आग में जलते हुए, दूसरा सख्त रूटीन चालू कर देती। सिर्फ प्रोटीन शेक व सलाद पर आ जाती। इससे वह अक्सर बीमार पड़ती, भूखा महसूस करती व चिड़चिड़ी हो जाती। फिर से अनियंत्रित खान-पान का दौर चालू हो जाता।

बेशक स्मिता को मदद की आवश्यकता थी। वह अपनी भुखमरी के दौर में ही मेरे पास आई। मैंने उसे एक संतुलित डाइट प्लान लेने के लिए तैयार किया व बार-बार थोड़ा खाते रहने को कहा। उसे लगा कि यह उपाय काम नहीं आएगा। मैंने उसे कहा कि वह पूरे भरोसे के साथ मुझे 4 सप्ताह का समय दे।

फिर मैं 4 सप्ताह बाद स्मिता से मिली। वह अपनी ही कायापलट पर हैरान थी। आंखों व त्वचा में चमक थी। वह पूरी तरह से ट्रिम व फिट दिख रही थी। हालांकि थोड़ा और वजन घटना बाकी था पर वह सही रास्ते पर थी व सुरक्षित रूप से वजन घटा रही थी।

अब वह सोशल दायरों में अपनी प्यारी पोशाकों में घूमती दिखती है उसे अपने लिए सही रास्ता मिल गया है।

चार सप्ताह पूरे करने के लिए बधाई!

बेशक! आपने इस चार सप्ताह के काउंटडाउन में ही बहुत कुछ पा लिया होगा। आपकी कड़ी मेहनत रंग लाई और आप खुद को काफी अच्छा व बेहतर महसूस कर रहे हैं।

अब आप एक नई जीवनशैली की राह पर हैं। खान पान की गलत आदतें सुधर चुकी हैं और आप अति से बाज आ गए हैं।

यहां सावधानी रखें कि कहीं आप फिर से अपने कंफर्ट ज़ोन में न चले जाएं। इस इच्छा से लड़ने के लिए तैयार रहें। अपनी इस मेहनत को बेकार न जाने दें। अक्सर डाइटर्स के साथ ऐसा हो जाता है।

एक बार वजन घटाने का भूत उतर जाए तो संकल्पशक्ति कमजोर होने लगती है। कई डाइटर्स फ्री होने के चक्कर में, पहले से भी ज्यादा खाने लगते हैं। आपको इस बात को ध्यान में रखना है कि कहीं वजन घटाने के लक्ष्य के पास पहुंचते-पहुंचते दूर न चले जाएं।

मेरे सभी क्लाईंट उम्मीद करते हैं कि वे डाइट से छूटकर सामान्य भोजन पर आ जाएं। मुझे यह बताते हुए बुरा लग रहा है कि नार्मल होने का मतलब यह नहीं कि आप फिर से कुछ भी ऊटपटांग खा सकते हैं।

आपको 1, 2, 3 फार्मूले के हिसाब से, संतुलित व संयमित रूप से खाते रहना होगा। दीर्घकाल तक यही जीवनशैली आपके लिए नई नार्मल जीवनशैली होगी।

अपनी डाइट व शारीरिक गतिविधि के दीर्घकाल पर केंद्रित रहें। स्वयं को याद दिलाते रहें कि खान पान की पुरानी आदतें अपनाते ही वजन फिर से बढ़ जाएगा।

इसके अलावा मीडिया की ओर से आने वाले उन दावों से बचें जो जादुई तरीके से वजन घटाने की बात करते हैं। इस हाइप के चक्कर में न फंसे। यह

मानकर चलें कि आप अपने आदर्श वजन व स्वस्थ जीवनशैली के लिए कार्यरत हैं, जो आपके लिए पूरी तरह से फिट है।

मैं यह भी सलाह दूंगी कि अपने रूटीन को 'डाइट' का नाम न दें। डाइट तो अस्थायी होती है और आप स्थायी बदलाव पाना चाहते हैं। दीर्घकालीन सफलता पाना चाहते हैं तो अपनी जीवनशैली के हिसाब से खान-पान की योजना बनाएं। यह एक डाइट नहीं, आपके जीने का तरीका हो जाएगी।

तथ्य परक बातें

कई डाइटर्स 'पहले व बाद' के फोटो को कारगर मानते हैं। यह आपको आपकी प्रगति के बारे में याद दिलाने का कारगर तरीका है।

5 से 8 सप्ताह

फोर-वीक काउंटडाउन धीरे-धीरे आपको एक डाइट में ढाल देगा। पांचवें सप्ताह तक रूटीन सेट होगा व वजन भी घटने पर आ जाएगा। पहले-पहल तो आपके वजन का घटाव शरीर की वसा में कमी की बजाय कार्ब व पानी में कमी के कारण था, परंतु अब से आपके शरीर की वसा का प्रतिशत घटेगा।

चार सप्ताह के बाद नवें सप्ताह तक डाइट प्लान वजन घटाने के लक्ष्य वाला ही होना चाहिए। अपनी जरूरत के हिसाब से कोई भी प्लान चुनें। कृपया ध्यान दें कि प्रत्येक डाइट प्लान में कैलोरी-गणना दी गई है पर आपका भोजन केवल कैलोरी पर नहीं बल्कि पोषण संबंधी चुनावों पर भी निर्भर करता है।

प्लान मिनिमम

4 किलो तक वजन घटाने वाली महिलाओं के लिए

नाश्ता

बोनस एलाउंस 1 कप चाय/ कॉफी

1 सर्विंग सीरीयल

+

1 सर्विंग फल + सब्जी

+

1 सर्विंग प्रोटीन युक्त भोजन

लंच

1 सर्विंग सीरीयल

+

2 सर्विंग फल/सब्जी

+

1 सर्विंग प्रोटीन युक्तभोजन

बीच में

सुबह के बाद	पेय पदार्थ + बाइट (सीरीयल)
दोपहर के बाद	पेय पदार्थ + बाइट (फल/सब्जी)
शाम के बाद	पेय पदार्थ + बाइट (प्रोटीनयुक्त भोजन)

खाने की वस्तुओं का समय बदल सकते हैं।

डिनर

स्टार्टर सिप असीमित

+

न्यूट्री का कटोरा 1 कप

+

फाइबर फिलर 1 कप

+

1, 2, 3 मेन कोर्स डिनर

+

1/2 सर्विंग सीरीयल

+

1 सर्विंग सब्जी

+

1 सर्विंग प्रोटीनयुक्त आहार

प्लान-मीडियम आगे के लिए

जो पुरुष 4 किलो तक वजन घटाना चाहें

जो महिलाएं 5 से 10 किलो तक वजन घटाना चाहें

नोट : पुरुषों को प्रतिदिन अधिक कैलोरी की आवश्यकता होगी।

1 सर्विंग सीरीयल + 1 सर्विंग प्रोटीनयुक्त भोजन

इस अतिरिक्त एलाउंस, लंच, नाश्ता, डिनर में या कभी भी ले सकते हैं।

नाश्ता

बोनस एलाउंस 1 कप चाय/कॉफी

2 सर्विंग सीरीयल

+

1 सर्विंग फल/सब्जी

+

1 सर्विंग प्रोटीनयुक्त भोजन

लंच

1 सर्विंग सीरीयल

+

2 सर्विंग फल/सब्जी

+

1 सर्विंग प्रोटीनयुक्त भोजन

भोजन के दौरान

नाश्ते के बाद	पेय पदार्थ + बाइट (सीरीयल)
दोपहर के बाद	पेय पदार्थ + बाइट (फल/सब्जी)
शाम के बाद	पेय पदार्थ + बाइट (प्रोटीनयुक्त खाद्य पदार्थ)

बाइट्स में बदलाव कर सकते हैं।

डिनर

स्टार्टर सिप

+

न्यूट्री कटोरा 1 कप

+

फाइबर फिलर 1 कप

+

1, 2, 3 मेन कोर्स डिनर

1 सर्विंग सीरीयल

\+

1 सर्विंग सब्जी

\+

1 सर्विंग प्रोटीनयुक्त भोजन

प्लान–मैक्सिमम आगे के लिए

जो पुरुष 5 किलो से अधिक वजन घटाना चाहें या जो महिलाएं 11 किलो से अधिक वजन घटाना चाहें,

नोट : पुरुषों को प्रतिदिन अधिक कैलोरी चाहिए।

1 सर्विंग सीरीयल + 1 सर्विंग प्रोटीन से भरपूर खाद्य पदार्थ

इस अतिरिक्त एलाउंस को नाश्ते, लंच, डिनर या बीच में ले सकते हैं।

नाश्ता : बोनस एलाउंस 1 कप चाय / कॉफी

2 सर्विंग सीरीयल

\+

1 सर्विंग फल/सब्जी

\+

1 सर्विंग प्रोटीनयुक्त भोजन

लंच

2 सर्विंग सिरीयल

\+

2 सर्विंग फल/सब्जी

\+

1 सर्विंग प्रोटीनयुक्त भोजन

बीच में

सुबह के बाद	पेय पदार्थ + बाइट (सीरीयल
दोपहर के बाद	पेय पदार्थ + बाइट (फल/सब्जी)
शाम के बाद	पेय पदार्थ + बाइट (प्रोटीनयुक्त भोजन)

डिनर

स्टार्टर सिप

\+

न्यूट्री कटोरा 1 कप

+

फाइबर फिलर 1 कप

+

1, 2, 3 मेन कोर्स डिनर

+

1 सर्विंग सीरीयल

+

1 सर्विंग सब्जी

+

2 सर्विंग प्रोटीनयुक्त भोजन

9 सप्ताह से आगे

मैने आगे कुछ ऐसे प्रश्नों के उत्तर दिए हैं, जिन्हें आप पूछना चाह सकते हैं। ये उत्तर इस नए चरण में आपके सहायक होंगे।

प्र. मैं अपने आदर्श वजन पर आ गया हूं। इस डाइट पर कब तक रहना होगा?

उ. इस 'डाइट' शब्द व खान पान की आदतों को नए नज़रिए से देखें। इन बदलावों को जीवन का एक हिस्सा बना लें। तकरीबन लोग डाइटिंग के बाद फिर से वजन बढ़ा लेते हैं क्योंकि वे फिर से खान-पान की पुरानी आदतों पर लौट आते हैं।

तथ्य परक बातें

शोध से प्रमाणित हो चुका है कि घटे हुए वजन को एडजस्ट होने में समय लगता है। आपके शरीर को वजन के नए स्तर पर पूरी तरह स्थिर होने में एक साल लगता है।

प्र. यदि मुझे 8 सप्ताह के बाद भी और वजन घटाना हो तो उसके लिए क्या करूं?

उ. नवें सप्ताह में वजन घटाने के लक्ष्य या बीएमआई की जांच करें। अगर यह पहले से कम है तो उसी डाइट प्लान की बजाय दूसरा चुनें। यदि यह पहले जैसा है तो वही डाइट प्लान अपनाएं।

जैसे प्लान मैक्सिमम लेने के बाद आपका वजन घटा है तो आपको नवें सप्ताह से प्लान मिनिमम लेना होगा ताकि और भी वजन घटा सकें।

प्र. मुझे तेजी से वजन घटाना है, क्या मैं प्लान मैक्सिमम से मिनिमम पर आ सकता हूं?

उ. इस तरह का खतरा मोल न लें। वजन घटाने के लिए, धीरे-धीरे कैलोरी घटाना ही ठीक रहता है। यदि पर्याप्त मात्रा में खाएंगे नहीं तो उचित नतीजे नहीं पा सकते। यदि असामान्य स्तर पर कैलोरी घटाई तो शरीर भुखमरी की नौबत तक आ जाएगा।

आपके शरीर का मेटावॉलिज्म धीमा हो जाएगा। इस तरह के डाइटर्स के साथ ये सब होता है।

1. शरीर कम भोजन का आदी होगा व वजन घटता जाएगा। आपको लगातार कम भोजन लेना होगा।
2. मसल मास कम होने से मेटावॉलिक रेट घट जाएगा।
3. पर्याप्त पोषण न मिलने के कारण स्वास्थ्य संबंधी समस्याएं हो सकती हैं। कमजोरी आ सकती है व रोग-प्रतिरोधक तंत्र कमजोर पड़ सकता है।
4. लंबे समय तक लो-कैलोरी डाइट पर टिके रहना संभव नहीं होता।
5. इस तरह की डाइटिंग से मुंह चुराने में भी अधिक समय नहीं लगता और कहानी वहीं-की-वहीं आ सकती है।

प्र. मुझे सिगरेट पीने की आदत है। मैं उसके बिना नहीं रह सकता। इसे छोड़ने से फूल जाऊंगा। क्या करूं?

उ. यह सच है कि सिगरेट की निकोटीन भूख को दबाती है पर ये आपकी स्वादेंद्रियों को खत्म कर देती है, दिल पर दबाव डालती है व फेफड़ों को खत्म कर देती है। क्या आप यह सब चाहते हैं?

इसके अलावा चेहरे पर असमय झुर्रियां, बदरंग दांत व सांस में बदबू जैसी परेशानियां भी हो सकती हैं। इसके नुकसान इतने अधिक हैं कि केवल वजन घटाने में सहायता के नाम पर इसे लेना मूर्खता होगी।

प्र. यदि मैं कभी डाइट प्लान तोड़ दूं तो क्या होगा?

उ. इसके लिए डाइट स्लिप-अप का चैप्टर पढ़ें। आपको पता चल जाएगा कि कभी-कभी कुछ मनपसंद खा लेने से दीर्घकालीन लक्ष्यों पर कोई असर नहीं पड़ता।

प्र. क्या मैं वजन घटाने के बाद व्यायाम करना बंद कर सकता हूं?

उ. व्यायाम तो आपके रोज़मर्रा के जीवन का अंग होना चाहिए। यह वजन को काबू में रखता है व आपको आलस भरी जीवनशैली में जाने नहीं देता।

प्र. मैं छुट्टियां मनाने जा रहा हूं। मुझे पता है कि वहां मैं काउंटडाउन पर कायम नहीं रह पाऊंगा। ट्रिप से लौटकर, कहां से आरंभ करूं?

उ. आप फोर-वीक काउंटडाउन के पहले दिन से आरंभ कर सकते हैं। यदि पूरा काउंटडाउन हो गया है तो आप पांचवे सप्ताह से आरंभ कर सकते हैं।

प्र. कभी-कभी दिल करता है कि 1, 2, 3 फार्मूले पर न चलूं। जैसे मैं सब्जियां छोड़ना चाहती हूं। क्या फिर भी वजन घटा सकूंगी?

उ. सब्जियां न छोड़ें। यदि कभी-कभी न खाएं तो बात अलग है। पूरी तरह से छोड़ने पर तो भोजन संतुलित नहीं रहेगा व पर्याप्त पोषण नहीं मिलेगा। 1, 2, 3 फार्मूला छोड़ते ही शरीर पोषण के लिए तरसेगा और आप झट से क्विक-फिक्स फूड तक पहुंच जाएंगी। इससे तो डाइट का उद्देश्य ही समाप्त हो जाएगा।

मेरी स्नैकिंग फ्राइड से रोस्टिड कैसे हुई ?

मैं भी आपको बताना चाहूंगी कि इस बदलाव को लाने के लिए मुझे कितनी परेशानी उठानी पड़ी। मुझे चाय के साथ स्नैक्स लेना बेहद पसंद था। घर की बनी पूरी-कचौरी, बटर बिस्कुट या नानखटाई छोड़ना किसी जुल्म से कम नहीं था।

हालांकि मुझे ट्रीट से लगाव था इसीलिए मैंने इनके विकल्प खोज लिए। आपने मैरी बिस्कुट के साथ पीनट बटर चखा है ? या हरी धनिया चटनी के साथ टोस्ट लिया है ? मुझे स्प्राउट मूंग, चाट मसाला, इमली की चटनी व प्याज वाली भेल भी पसंद है। यहां खास बात यह है कि कुछ स्नैक्स छोड़ने के लिए शर्मिंदा न हों।

अपनी कल्पना से नए व्यंजन तैयार करें। अब तो मुझे डीप फ्राई व्यंजन बिल्कुल नहीं सुहाते। अब मुझे हल्की वसा रहित रेसिपी खाने की आदत हो गई है उचित खान-पान ही मेरी नई जीवनशैली हो गयी है।

प्लेटयूइंग डाइटर का मामला

जब सही डाइट व व्यायाम के बावजूद आपके वजन का कांटा स्थिर हो जाए तो इससे काफी मायूसी हो सकती है। मेरा एक छात्र सोनू पाठक इसका एक सटीक उदाहरण है। उसने 1 माह में 2 किलो वजन घटाया और उसके बाद डाइट लेने के बावजूद वजन ने घटने से इंकार कर दिया।

सोनू डाइट प्लेट्यू का मामला हो सकता है, जहां उसका शरीर कैलोरी के हिसाब से समायोजित हो गया है इसीलिए उसका वजन नहीं घट रहा। यह एक्सरसाइज-प्लेट्यू समस्या भी हो सकती है जहां उसका शरीर उचित प्रतिक्रिया नहीं दे पा रहा।

समस्या को जानने का कोई वैज्ञानिक तरीका उपलब्ध नहीं है और न ही आपको इस प्लेट्यू को तोड़ने के लिए कैलोरी घटाने या व्यायाम बढ़ाने की आवश्यकता है। याद रखें कि अगर आप भी सोनू की तरह आदर्श वजन स्तर के पास हैं तो बाकी वजन घटाना काफी मुश्किल होगा।

तो सोनू ने यह प्लेट्यू कैसे तोड़ा?

1. हालांकि यह उपाय हमेशा नहीं चलता क्योंकि शरीर रूटीन के हिसाब से एडजस्ट होना सीखता है। यदि हर छः सप्ताह बाद व्यायाम बदले जाएं तो विभिन्न मांसपेशियों को लगातार चुनौती मिलती रहेगी।
2. सप्ताह में एक दिन केवल फल व स्किम्ड दूध/सूप व सलाद आदि लिया जाए ताकि रूटीन टूटे।

सोनू ने इन दोनों बदलावों को फिटनेस प्रोग्राम में शामिल किया व वजन घटाने के लक्ष्य तक पहुंच ही गया।

आलसी होना काफी आसान है

कृपया दूसरों से अपनी तुलना न करें। सब अलग-अलग तरह से अपना वजन घटाते हैं। कोई आपसे अधिक तेजी से वजन घटा रहा हो तो उसे देखकर मायूस न हों। कुछ लोगों का वजन घटाने के लिए, दूसरों के मुकाबले थोड़ी ज्यादा मेहनत करनी पड़ सकती है।

अपने लिए कारगर उपाय खोजें। लक्ष्य को ध्यान में रखते हुए आगे चलें। हालांकि यह इतना आसान नहीं होगा। रोज़मर्रा की गतिविधियों व वजन पर नज़र रखें और आगे बढ़ें।

क्विक री कैप

- भोजन न छोड़ें। निरंतर 6 संतुलित व कम वसा वाले भोजन लेते रहें।
- बैठकर भोजन करें, अच्छी तरह चबाएं, खाने पर पूरा ध्यान दें।
- सप्ताह में एक बार स्वयं वजन जांचें।
- अगर वजन 1 से 5 किलो तक बढ़ जाए तो प्रतीक्षा करने की बजाए कोई कदम उठाए।
- मानसिक रूप से, डाइट से जुड़ाव की बजाय जीवनशैली में बदलाव के बारे में सोचें।
- प्रेरित रहने के नए व रोचक तरीके खोजें।
- वजन घटाने के छोटे लक्ष्य पूरे होने पर, स्वयं को पुरस्कृत करें।
- दोस्तों की मदद व समर्थन लें। ऑनलाइन दोस्त बनाएं, जो आप जैसी सोच वाले हों।
- छोटे लक्ष्यों को बड़े लक्ष्यों में बदलते हुए, वजन घटाने के वास्तविक लक्ष्य चुनें।
- भोजन की खपत को डायरी में लिखें–इससे आपको सही रास्ते पर चलने में आसानी होगी।

डेली प्लानर में व्यायाम को शामिल करें।

13

मदिरा सेवन और उपवास

हालांकि मुझे यह कहने में अच्छा नहीं लग रहा पर कृपया! ड्रिंकिंग व डाइटिंग को आपस में न मिलाएं।

हो सकता है कि आपने पहले भी सुना हो पर अगर आप नियमित रूप से, रोज़ शाम को एक ड्रिंक लेने वालों में से हैं तो आपके लिए एल्कोहल छोड़ना काफी मुश्किल हो सकता है।

हालांकि मैं यह भी दोहराना चाहूंगी कि काउंटडाउन में हमेशा लोच की भरपूर गुंजाइश होती है।

अगर चाहें तो कभी-कभार अपना ड्रिंक लें, परंतु अति न करें। मैं स्वयं नहीं पीती पर मेरे कई दोस्त ड्रिंक लेते हैं। आजकल पुरुषों व महिलाओं, दोनों में ही ड्रिंक लेने की प्रवृत्ति तेजी से बढ़ रही है। मैंने निष्कर्ष निकाला कि एल्कोहल पर पूरी तरह से पाबंदी लगाने से कहीं बेहतर होगा कि बहाव के साथ रहें क्योंकि लगता तो यही है कि आप किसी-न-किसी तरह तो ड्रिंक लेंगे ही।

प्राय: मैंने देखा कि हम शाम को दोस्तों के साथ, व्यावसायिक सहयोगियों के साथ या घर में डिनर से पहले ड्रिंक लेते हैं इसीलिए मैंने इस अध्याय में डिनर के वक्त लिए जाने वाले ड्रिंक की भी बात की है। मैं आपको विकल्प दे रही हूं कि आप अपनी डाइट को खराब किए बिना कभी-कभी ड्रिंक ले सकते हैं पर मात्रा को सीमित रखें वरना वजन घटाने का लक्ष्य पूरा नहीं हो पाएगा।

एक बार अगर आपने एल्कोहल में छिपी कैलोरी की मात्रा जान ली तो हो सकता है कि आप स्वयं ही इससे मुंह मोड़ लें या फिर कम-से-कम काउंटडाउन के दौरान तो न लें।

एल्कोहल लेने पर, 1 ग्राम एल्कोहल से 7 कैलोरी मिलती है। ये सभी खाली होती हैं इनमें पोषण की कोई मात्रा नहीं होती।

सभी एल्कोहल युक्त पेय पदार्थों में एल्कोहल की मात्रा एक-सी नहीं होती। यदि आप औसत से अधिक प्रतिशत वाले एल्कोहल ड्रिंक को सॉफ्ट ड्रिंक, फलों के रस या क्रीम में मिलाकर लेते हैं तो कैलोरी की मात्रा और भी बढ़ जाएगी।

जैसे पाइना कोलाडा में 250 से अधिक कैलोरी होती है। यदि इसके साथ फ्राइड स्नैक्स भी लेंगे तो–

एल्कोहल लेने पर काउंटडाउन डिनर प्लान में बदलाव लाना होगा ताकि उस समय ली जाने वाली अतिरिक्त कैलोरी को बजट किया जा सके।

चीयर्स!

यदि काउंटडाउन के दौरान ड्रिंक चुनते हैं तो कैलोरी की चिंता न करें। क्योंकि मैंने पहले ही अध्ययन करके, विविध सर्विंग साइज के साथ एल्कोहल के विकल्प तलाश लिए हैं। आप जो भी पिएं, कैलोरी तकरीबन 130 के आसपास ही रहेगी।

यानी कैलोरी मूल्य के हिसाब से ये सभी ड्रिंक एक से हैं।

यहां एल्कोहल पेय पदार्थों की लंबी सूची दी गई है मनपसंद ड्रिंक लें पर उसके तयशुदा यूनिट एलाउंस से ज्यादा न लें।

यहां मैंने यूनिट के साइज को केन, पैग, ग्लास या शॉट में बताया है–अपने ड्रिंक की माप के लिए इन स्टैंडर्ड यूनिट का प्रयोग करें।

सूची से कोई भी ड्रिंक चुनें:

बीयर

बीयर रेगुलर 330 मिली एलाउंस : 1 केन

बीयर लाइट 330 मिली एलाउंस : 1 व 1/2 केन

डिस्टिल्ड स्पिरिट

रम–एलाउंस : 2 छोटे पैग 30 मिली. प्रति या 1 बड़ा पैग 60 मिली

ह्विस्की–एलाउंस: 2 छोटे पैग 30 मिली. प्रति या 1 बड़ा पैग 60 मिली

स्कॉच–एलांउस: 2 छोटे पैग 30 मिली. प्रति या 1 बड़ा पैग 60 मिली

वोदका–एलाउंस: 2 छोटे पैग 30 मिली. प्रति या 1 बड़ा पैग 60 मिली

जिन–एलाउंसः 2 छोटे पैग 30 मिली. प्रति या 1 बड़ा पैग 60 मिली

टेबल वाइन

ड्राई ह्वाइट वाइन एलाउंस : 1½ ग्लास 180 मिली. कुल
120 मिली. प्रति गिलास

रैड/रोज़ वाइन–एलाउंस : 1½ गिलास 180 मिली. कुल
120 मिली. प्रति गिलास

स्वीट वाइन – एलाउंस : 3/4 गिलास 90 मिली. कुल

स्पारकलिंग वाइन

शैंपेन – एलाउंस : 1 1/4 गिलास 150 मिली कुल
120 मिली प्रति गिलास

अन्य

कोई भी लिक्वर एलाउंस : 1 छोटा पैग 30 मिली. कुल

टकीला एलाउंस : 2 शॉट 120 मिली. कुल

ब्रांडी/कोन्याक एलांउस : 1½ पैग 45 मिली. कुल

डिस्टिल्ड स्पिरिट के लिए स्टैंडर्ड माप चार्ट

रम विस्की वोदका जिन ब्रांडी कोन्याक	*1 छोटा पैग 30 मिली. 1 बड़ा पैग 60 मिली.*

1 गिलास वाइन के लिए स्टैंडर्ड माप चार्ट

प्वाईट वाइन रैड वाइन रोज़ स्वीट वाइन शैंपेन	*120 से 150 मिली.*
टकीला शॉट	*60 मिली.*
लीकर्स	*30 मिली. (तकरीबन)*

नोट : 1 गिलास वाइन का स्टैंडर्ड माप 120 से 150 मिली. हो सकता है, जोकि रेस्तरां की सर्विंग पर निर्भर करता है। वाइन गिलास के आकारों में भी अंतर हो सकता है। मैंने आपके संदर्भ व काउंटडाउन के लिए 120 मिली. को चुना है।

लो-कैलोरी गैर–एल्कोहल युक्त मिक्सर्स :

क्लब सोडा

शुगर फ्री टॉनिक

फ्रेश लाइम वाटर

डाइट कोला

आइस

टिपलिंग टिप्स

1. ड्रिंक में सोडा मिलाएं।
2. इसे हल्का व चिल्ड करने के लिए आइस क्यूब मिलाएं
3. ड्रिंक को निगलने के बजाए छोटे सिप लें
4. इसमें मिंट या सेलेरी स्टिक शामिल करें।
5. एल्कोहल डी–हाइड्रेट करता है। ड्रिंक लेने से पहले भरपूर पानी पीएं। हर 1 सर्विंग एल्कोहल के लिए 1 गिलास पानी पीएं।
6. ड्राई रेड व ह्वाइट वाइन में मीठी डेजर्ट वाइन के मुकाबले कम कैलोरी होती है।
7. ड्रिंक के साथ कम कैलोरी वाले स्नैक लें, जैसे बिना मक्खन के पॉपकार्न, रोस्ट चिप्स या खीरा, गाजर व सेलेरी स्टिक आदि।

याद रखें कि स्नैक डिनर का ही हिस्सा है। इसीलिए ये डिनर एलाउंस में शामिल होंगे।

धूम्रपान

मैं जानती हूं कि लोग ड्रिंक्स के साथ सिगरेट पीना भी पसंद करते हैं। मैं आपको रोक तो नहीं सकती, पर आपको पता होना चाहिए कि यह कितना हानिकारक है। जब भी सिगरेट पीने की इच्छा हो तो धीरे-धीरे, पांच बार सांस छोड़ें। इससे मन शांत होगा व हो सकता है कि सिगरेट जलाने की नौबत न आए।

एल्कोहल के साथ डिनर डाइट प्लान

एल्कोहल के साथ आप नियमित काउंटडाउन डाइट प्लान को नहीं अपना सकते। आपको ऐसा प्लान चाहिए जो एल्कोहल के साथ ली गई अतिरिक्त कैलोरी को डिनर में संतुलित कर सके। इस तरह ड्रिंक लेने के साथ-साथ वजन घटाने के लक्ष्य पर भी बुरा असर नहीं होगा।

एल्कोहल सहित संशोधित डाइट प्लान चुनें जोकि इस बात पर निर्भर होगा कि आप कितना वजन घटाना चाहते हैं।

परिशिष्ट 'ब' में डेली फूड गाइड देखें ताकि आपको पता लग सके कि सर्विंग क्या है इससे आपको फल, सब्जी व प्रोटीन फूड के सर्विंग साइज का अंदाजा हो जाएगा।

अधिक स्पष्टीकरण व विकल्प चाहें तो परिशिष्ट 'अ' देखें।

एल्कोहल सहित प्लान मिनिमम

4 किलो तक वजन घटाने वाली महिलाओं के लिए

एल्कोहल सहित डिनर फार्मूला:

1. फाइबर फिलर
2. 1, 2, 3 मेन कोर्स (जो नीचे दिया गया है।)

1.सीरीयल 1/2 सर्विंग

1 छोटा फुल्का या छोटा स्लाइस ब्रेड (किसी भी अनाज से बना)

या

1/2 कटोरी पका सीरीयल (चावल, पास्ता, पोहा, रवा)

\+

2. फल + सब्जी 1 सर्विंग

1 कटोरी मनपसंद (थोड़ा सा आलू, जैकफ्रूट, यैम, केला)

\+

3. प्रोटीनयुक्त भोजन 1 सर्विंग

1 कटोरी मूंग दाल या स्प्राउट

या

4 क्यूब लो-फैट पनीर/फीटा चीज़/टोफू/1 कटोरी लो-फैट दही

या

1 मध्यम आकार में सफेद मीट का टुकड़ा (चिकन/टर्की ब्रेस्ट/फिश)

या

2 अंडों की सफेदी

एल्कोहल सहित प्लान मीडियम

4 किलो तक वजन घटाने वाले पुरुषों तथा 5-10 किलो वजन घटाने वाली महिलाओं के लिए।

एल्कोहल सहित डिनर फार्मूला

1. फाइबर फिलर

2. 1, 2, 3 मेन कोर्स डिनर (नीचे दिया गया है)

1. सीरीयल 1 सर्विंग

2 छोटे फुल्के / 1 बड़ी रोटी / 1 बड़ा ब्रेड पीस (किसी भी सीरीयल से बना)

या

1 कटोरी पका मनपसंद सीरीयल (चावल, पास्ता, पोहा, रवा)

+

2. फल व सब्जी 1 सर्विंग

1 कटोरी मनपसंद (थोड़ा आलू, जैकफ्रूट, यैम, केला, आम)

+

3. प्रोटीनयुक्त भोजन 1 सर्विंग

1 कटोरी मूंग दाल/स्प्राउट

या

4 क्यूब लो-फैट पनीर/फीटा चीज़/टोफू/1 कटोरी लो-फैट दही

या

1 मध्यम आकार में सफेद मीट का टुकड़ा (चिकन/टर्की/ब्रेस्ट या फिश)

या

2 अंडों की सफेदी

एल्कोहल सहित प्लान मैक्सिमम

5 किलो से अधिक वजन घटाने वाले पुरुषों तथा 11 किलो से अधिक वजन घटाने वाली महिलाओं के लिए।

एल्कोहल सहित डिनर फार्मूला:

1. फाइबर फिलर

2. 1, 2, 3 मेन कोर्स (नीचे दिया गया है)

1. सीरीयल 1 सर्विंग

2 छोटे फुल्के/ 1 बड़ी रोटी/1 बड़ा ब्रेड पीस (किसी भी सीरीयल से बना)

या

1 कटोरी पका मनपसंद सीरीयल (चावल, पास्ता, पोहा, रवा)

\+

2. फल व सब्जी 1 सर्विंग

1 कटोरी मनपसंद (थोड़े आलू, जैकफ्रूट, यैम, केला)

\+

3. प्रोटीनयुक्त भोजन 2 सर्विंग

2 कटोरी मूंग दाल/स्प्राउट

या

8 क्यूब लो-फैट पनीर/फीटा चीज़/टोफू/2 कटोरी लो-फैट कर्ड

या

2 मध्यम आकार में सफेद मीट के टुकड़े/चिकन/टर्की/ब्रेस्ट या फिश

या

4 अंडों की सफेदी

एल्कोहल वसा घटाने पर कैसे रोक लगाता है?

जब आप एल्कोहल लेते हैं तो लीवर उसे एसीटल-डीहाइड में बदल देता है। फिर यह एसीटेट व हाईड्रोजन में बदल जाता है। शरीर ऊर्जा पाने के लिए फैटी ऐसिड की बजाए हाइड्रोजन का प्रयोग करता है और इस्तेमाल न होने वाले फैटी ऐसिड को वसा के रूप में स्टोर होना पड़ता है। रासायनिक प्रतिक्रिया से फैटी ऐसिड के सिंथेसिस में भी तेजी आ सकती है, जिससे वसा का जमाव बढ़ता है।

इसका वास्तव में क्या अर्थ है?

शरीर पहले आओ-पहले पाओ के आधार पर अपने ईंधन की खपत नहीं करता। जब आप शराब पीते हैं तो इससे पहले कि वसा को जलने का अवसर मिले, एल्कोहल ऊर्जा की खपत के लिए व्यय हो जाती है।

इस बारे में सोचें। जितना ज्यादा पीएंगे, वजन घटाने में उतना ही समय लगेगा। काउंटडाउन भी ऐसी स्थिति में कुछ नहीं कर पाएगा तो एल्कोहल की मात्रा को सीमित रखें।

खाली पेट न पीएं : इसकी भी एक वजह है। शराब पीने से खुलकर कर भूख लगती है। खाली पेट पीएंगे तो डिनर में ज्यादा खा लेंगे। साथ ही उन स्नैक्स को भी न भूलें, जो आपने शराब पीते समय खाए।

एक बैचलर की कहानी : मेरा एक युवा छात्र करण कुमार अविवाहित है और फिटनेस के लिए काफी सचेत रहता है। वह सप्ताह में 4 बार मेरी कक्षा में भी आता है। संयमित भोजन लेता है पर एक दिन उसने पाया कि उसके पेट के निचले हिस्से पर वसा का जमाव हो रहा था। उसे समझ में नहीं आया कि इतने प्रयासों के बाद भी वह टोंड एब्स क्यों नहीं बना पा रहा था। मैं भी हैरान थी पर उसकी दिनचर्या का अध्ययन करने से पता चला कि वह प्रतिदिन पड़ोस के पब में जाता था। सारी बात यहीं साफ हो गई।

मैंने करण को बताया कि शराब व फैलती कमर में गहरा संबंध था। इसी के कारण कमर के निचले हिस्से में लियोप्रोटीन लाइपस का जमाव हो रहा था। लियोप्रोटीन ऐसा एंजाइम है जो ट्राईग्लिसराइड्स को वसा कोशिकाओं में बदल देता है। लीवर भी वसा के मेटाबॉलिज्म से पहले एल्कोहल का मेटाबॉलिज्म करने लगता है, जिससे वसा का जमाव हो जाता है।

करण को समझ में आ गया कि उसे एल्कोहल में कटौती करनी होगी। थोड़ी सी गंभीर चर्चा के बाद उसने मन-ही-मन तय किया कि वह शराब छोड़ देगा। उसका धैर्य रंग लाया। शराब छोड़ते ही एब्स भी बनने लगे।

14

जब आप चूक जाएं या हार मान लें

यह तो होना ही था। हम सब इंसान ही तो हैं, कोई ऐसा व्यक्ति नहीं जो कई दिन व सप्ताहों तक एक तयशुदा डाइट पर चलता रहे। कभी-कभी तो लालच आड़े आ ही जाता है। यदि आपकी भी डाइट दिनचर्या टूटी है तो हैरान न हों। थोड़ा-बहुत नियम तोड़ने में हर्ज नहीं पर आपको अपनी सीमाएं पता होनी चाहिएं।

आप इस सिंड्रोम से कैसे निबटें व मना करें?

पहले तो मैं बता दूं कि आपकी कहानी भी दूसरे डाइटर्स जैसी ही है। आप उनसे अलग नहीं हैं। कोई भी मनपसंद स्वीट डिश या फ्राइड फूड से हमेशा दूर नहीं रह पाता। बेशक मन तो ललचाता है पर यहीं दुनिया का अंत नहीं हो गया। यदि आप स्मार्ट तरीके से खाएंगे तो कभी-कभी मनमर्जी से खाने की छूट ले सकते हैं।

हमेशा याद रखें कि डाइटिंग एक प्रोग्रेस है, परफेक्शन नहीं है। हम अक्सर परफेक्शनिस्ट बनने के चक्कर में ही चूकते हैं। ज्यादा सख्ती से वजन घटेगा या आप लालच न रोक पाने के कारण चोरी से खाते पकड़े जाएंगे?

कभी-कभी मन-मर्जी से खाना ठीक है इससे मन का भार हल्का होता है पर ऐसा बार-बार किया तो वजन घटाने का लक्ष्य पूरा नहीं हो पाएगा।

मैं आपसे छोटा-सा राज बांटना चाहूंगी। जब भी कुछ खाने को मन ललचाता है तो मैं गहरी सांस लेती हूं। आंखें बंद करके दस तक गिनती हूं। (सबके बीच जोर से नहीं गिनती।) फिर खाने के अलावा किसी दूसरी मनपसंद चीज के बारे में सोचती हूं। कोई नई ड्रेस? आईपॉड? हेयर कट?

अच्छी मालिश? दोस्त के साथ मूवी? मैं स्वयं को नई संभावनाओं पर केंद्रित कर लेती हूं। 10 में से 9 बार तो लालच पर काबू हो ही जाता है।

जो एक बार बचता है, उसे अपने तरीके से संभाल लेती हूं। इस तरह कभी-कभी मनचाहा खाने से वजन नहीं बढ़ता व मेटाबॉलिज्म को भी थोड़े बदलाव का मौका मिल जाता है।

तथ्य परक बातें

फिट व सक्रिय लोग, आरामदेह जीवनशैली वाले व्यक्तियों की तुलना में कहीं बेहतर तरीके से अतिरिक्त कैलोरी समायोजित कर पाते हैं। व्यायाम करने का एक और अच्छा कारण!

टिप : अच्छे व स्मार्ट चुनाव करें। जब भी कुछ खाने को मन ललचाएं तो स्वस्थ विकल्प चुनें।

आप कोई सुपरमैन नहीं कि अपने वादे पर डटे रहेंगे। कभी-न-कभी तो इंसान का मन कमजोर पड़ ही जाता है, तो ऐसे में काफी सारा खाने के बाद अपराधबोध के मारे कुछ-न-खाने के चक्कर में फंसकर, यो-यां डाइटर न बनें। इस तथ्य को स्वीकारें कि कभी-कभी मनचाहे खाने के के लिए मन ललचाता है। वास्तविकता की इस दुनिया में आपका स्वागत है।

एक बार अगर आपने अपनी कमजोरी पहचान ली तो फिर समस्या का समाधान आपके अपने हाथ में होगा। तो हल क्या है ? मेरा हल आपको हैरान कर सकता है। (मैं कहना चाहूंगी, कृपया जो कुछ भी खाने को मन ललचाए, उसे बिल्कुल न छोड़ें)।

1 से 10 तक के स्केल पर क्रेव-ओ-मीटर नियंत्रण

आप अपनी इस इच्छा को स्केल पर डाल दें। 1 का मतलब है प्राथमिक सूची में पहला, 10 का इतना महत्त्व नहीं है। इस तरह आपको अच्छे-बुरे, खाने योग्य व न खाने योग्य खाद्य पदार्थ का निर्णय लेने में आसानी होगी।

1-2	3-4	5-6	7-8	9-10
इसके बिना तो जान निकल जाएगी	एक छोटा-सा बाइट तो लें लेना चाहिए	मेरा तो खुद पर काबू नहीं	शायद इस बार 'न' कह सकता हूं	इसे तो छोड़ा जा सकता है।

तो इस स्केल के अनुसार 1 से 3 तक की श्रेणी में आने वाले खाद्य पदार्थों का लालच कभी न छोड़ें।

5 तक की लिस्ट में आने वाले मनपसंद भोजन को थोड़ी मात्रा में स्वाद लेकर खास खाने के बाद शर्मिंदगी महसूस न करें। कभी-कभी खुद को दावत देने में कोई बुराई नहीं क्योंकि इसके बाद इन सुखद स्मृतियों को छोड़कर फिर से 'गुड जोन' में चले जाएंगे।

फोर-वीक काउंटडाउन के बाद आपके व्यायाम व खान पान की आदतें नियमित हो जाएंगी, तो लालच का क्या करें? मैंने काफी शोध के बाद, दो उपाय निकाले हैं–

1. इच्छा पर नियंत्रण : यदि आपका मन बार-बार ललचाए तो ऐसे भोजन के अत्यधिक मात्रा ग्रहण पर नज़र रखें। संयमित मात्रा में खाएं।

2. बिंग-ईटिंग के बाद : यदि आप किसी भी तरह खुद को रोक न सकें तो अधिक कैलोरी लेने के बाद कम कैलोरी वाले डिनर से उस हाई-कैलोरी की क्षति-पूर्ति करें।

खाने की इच्छा पर नियंत्रण या अंधाधुंध खाना?

हो सकता है कि कुछ लोग खाने की इच्छा पर काबू न रख पाएं। उन्हें हमेशा कुछ-न-कुछ खाना अच्छा लगता है। आप किस श्रेणी में हैं, स्वयं तय करें। वैसे अंधाधुंध खाने से अच्छा है कि आप नियंत्रित रूप से मनपसंद भोजन लें; क्यों?

- इस तरह आप अति से बचेंगे।
- आपको एक सीमित हिस्सा खाने की आदत पड़ेगी व हमेशा कुछ-न-कुछ खाने की आदत पर रोक लगेगी।
- अगर सप्ताह में एक बार खुद ही कुछ मनचाहा खा लेंगे तो रोज़ ऐसी नौबत नहीं आएगी।

कृपया याद रखें कि हर अति की एक सीमा होती है। अपने लिए मात्रा व सीमा स्वयं तय करें।

स्वयं को मानसिक रूप से भी समझाएं कि इस तरह एक बार मन-मर्जी से खा लेने पर, डाइट प्लान का कुछ नहीं बिगड़ता। यदि आप बार-बार गलत तरीके से खाते हैं तो शरीर प्रतिक्रिया देता है।

सप्ताह में एक बार से अधिक मनचाहा खाने का लालच न दोहराएं। फिर इस अंतराल को बढ़ाने का प्रयास करें।

नियंत्रित मनचाहा भोजन खाने के भी अपने नियम हैं। यदि कभी-कभी पिज्जा लेना चाहें तो उसके पोर्शन पर ध्यान दें। अपना पिज्जा लंच लो-कैल पेय पदार्थ से शुरू करें। फिर एक कटोरा फल, सलाद लें व स्वाद लेकर अपना आधा पिज्जा खाएं। किसी दोस्त के साथ खाते हुए ट्रीट का मज़ा लें। यदि चाहें तो सप्ताह में एक बार इसका आनंद लें।

नोट : जो भी खाना चाहें, उसकी काफी मात्रा लें। यदि पैक बड़ा हो, दरियादिली से बांटे।

(नियंत्रित खान पान : मील फार्मूला)

पेय पदार्थ + फाइबर फिलर + नियंत्रित भोजन का आधा हिस्सा

नियंत्रित खान पान : स्नैक फार्मूला

पेय पदार्थ + मनपसंद स्नैक का आधा पोर्शन

फाइबर फिलर 1 कप

फाइबर फिलर में रसदार सब्जियां, फल, क्रिस्पी स्प्राउट व क्रंची सलाद शामिल हैं। इसे नींबू के रस, चाट मसाले, नमक व काली मिर्च से चटपटा बना लें व खुलकर प्रयोग करें।

1 कप वैज सलाद (टमाटर, खीरा, गाजर, सेलेरी, सलाद पत्ता)

या

1 कप फल सलाद (संतरा, सेब, मौसमी, नाशपाती, पपीता)

या

1 कप फल-सब्जी सलाद (सेब, सेलेरी, सलाद पत्ता, मौसमी)

अपना पेय पदार्थ चुनें **1 कप**

स्किम्ड मिल्क

या

छाछ

या

सूप/रसम

या

वैज जूस

या

हर्बल चाय/कैफीन रहित चाय/कॉफी

या

नारियल पानी

या

1/2 सर्विंग दूध के साथ कॉफी (1 कटोरी) + 1 छोटा चम्मच चीनी

या

सादी चाय/मसाला चाय/इलायची चाय/अदरक चाय

1/2 सर्विंग दूध (1 कटोरी) + 1 छोटा चम्मच चीनी

(बिंग-ईटिंग क्षति-पूर्ति)

ऐसे मामले में, मेरा एक ग्राहक आदित्य उदाहरण बन सकता है। उसे पार्टी पर्सन होने के नाते, दोस्तों के साथ बाहर जाना पसंद था। वह रात को खाते समय, दिन-भर की मेहनत (कैलोरी कांशस) पर पानी फेर देता। अगली सुबह पछताता कि काश! वह बाहर न गया होता।

मैंने उसे कहा कि पहले तो उसे पछताना छोड़ना होगा। मैंने समझाया कि ऐसा कभी-कभी करना तो ठीक है पर उसे आदत न बनाएं। आदित्य भी ठीक था कि दोस्तों के साथ मस्ती करते समय कैलोरी का ध्यान ही नहीं रहता था। वैसे यदि ऐसा हो भी जाए तो अगले दिन ली जाने वाली कैलोरी की मात्रा घटा देनी चाहिए। यही संतुलित कैलोरी ग्रहण का एकमात्र उपाय है।

आदित्य ने ऐसा ही करना शुरू किया। वह ऐसा बर्ताव करने के बाद अगले दिन अधिक कैलोरी न लेता। आप भी आदित्य की तरह मेरे 'कनसेशन डिनर फार्मूला' को ध्यान में रखकर वजन को काबू में रख सकते हैं।

यदि लंच या नाशते में लक्ष्य से भटक गए तो डिनर के समय उसकी भरपाई करें। यदि डिनर में चूके तो अगले डिनर में भरपाई करें।

क्षति-पूर्ति डिनर फार्मूला

1. स्टार्टर सिप : असीमित
2. न्यूट्री बाउल : असीमित
3. फाइबर फिलर : असीमित (केला, आम, चीकू व सीताफल छोड़कर)

मेन कोर्स से बचें

यह फार्मूला मेन कोर्स के लिए बिना ही पेट भर देगा। यहां भोजन की

मात्रा व गुणवत्ता तो अच्छी होगी, पर आप अधिक कैलोरी नहीं ले रहे होंगे। अतः उस दिन मेन कोर्स न लें।

तथ्य परक बातें

फल व सब्जियां प्राकृतिक शोधक का काम करते हैं।

किसी खास स्थान से भोजन को जोड़ना

आप प्रायः किसी खास व्यंजन को स्थान विशेष से कितनी बार जोड़ते हैं। मैं हमेशा बड़ा-पाव को लोनावला या चॉकलेट ब्राउनी को मुंबई के विलिंग्डन क्लब से जोड़ती हूं। हम सबके पास मनपसंद भोजन से जुड़े मनपसंद स्थान होते हैं। आप दिल्ली के निज़ाम से कवाब या कोलकाता के मनपसंद चाइनीज़ रेस्तरां से बिग डिम सुम स्प्रेड का स्वाद ले सकते हैं।

प्राथमिकता चाहे जो भी हो, आप अपने ही तरीके से खाना चाहेंगे तो ऐसे किसी अभियान की तैयारी में हैं तो तैयार हो जाएं। बेहतर होगा कि पहले से ही तय करके जाएं कि आप मनपसंद रेस्तरां में क्या खाएंगे ताकि अति न हो जाए।

15

लेबल अवश्य पढ़ें

रोज़मर्रा की दौड़ती जिंदगी में हमें आसानी से मिलने वाला भोजन बेहद भाता है। तरह-तरह की बोतलें, पैकेट, पोली बैग, टैट्रा पैक, फायल ट्रे आदि सुपरमार्केट की शेल्फों पर सजे, लुभाते रहते हैं। आप कैसे जानेंगे कि आप क्या ले रहे हैं? आप दो उत्पादों की तुलना कैसे करेंगे। आइए, इनके बारे में जानें ताकि आप स्मार्ट चुनाव कर सकें।

अंतर्राष्ट्रीय लेबलों में कड़े दिशानिर्देशों का प्रयोग होता है। अब भारत में भी ऐसे नियम हैं कि उत्पादों पर सरकार द्वारा तयशुदा कोडिंग देनी पड़ती है यानी ब्रांड व लेबल पहले से कहीं जिम्मेदार हो रहे हैं, जो कि ग्राहकों के लिए अच्छी खबर है।

हर खाद्य पदार्थ के लेबल पर कुछ सामग्रियों की सूची, प्रीजर्वेटिव व रंग आदि का विवरण होता है। लेबल में पोशक मूल्यों का ब्रेकडाउन भी होता है। प्रोटीन, कार्ब, वसा व विटामिन आदि को पोर्शन को आकार या मूल्य के हिसाब से, ग्राम में बताया जाता है ताकि आप उत्पाद का पोषक मूल्य जान सकें।

इसमें एक्सपायरी डेट का भी उल्लेख होता है यानी उस खाद्य पदार्थ को कब तक स्टोर किया जा सकता है। इस तिथि को अवश्य जांचें। कई दुकानों में एक्सपायरी पास आने वाले उत्पादों को आगे-आगे रखा जाता है-सावधान रहें।

उत्पाद लेते समय देखें कि उसे स्टॉक कैसे करना है जैसे गत्ते के डिब्बे में आ रहे दूध को किचन में रख सकते हैं पर डिब्बा खुलने के बाद उसे फ्रिज में रखने की भी अलग-अलग अवधि होती है।

फाइन प्रिंट देखें : काउंटडाउन के दौरान सारे लेबल देखें। उनके फाइन प्रिंट से पौष्टिक मूल्य जानें। कैलोरी के अलावा सोडियम आदि की मात्रा भी

देखें। पैक उत्पाद में नमक की अधिक मात्रा होती है जो उच्च रक्तचाप आदि का कारण बन सकती है। इसके अलावा सैचुरेटिड वसा, ट्रांसफैट व कोलस्ट्रॉल की मात्रा देखना भी न भूलें।

यदि पूरी जानकारी न मिले तो स्टोर मैनेजर या निर्माता से पूछें, जैसे अगर आपको फूड एलर्जी है या शाकाहारी हैं तो सारी पूछताछ के बाद ही उत्पाद लें। कई उत्पादों के लेबल पर तो टोल फ्री नंबर भी होता है ताकि सारी जानकारी निःशुल्क मिल सके।

यहां मैं कुछ सामान्य पोषक मूल्यों की सूची दे रही हूं:

सर्विंग साइज	*1 कप*
सर्विंग प्रति कंटेनर	*8 कप*
मात्रा प्रति सर्विंग	*100 ग्राम*

ऊर्जा	1741 किलो जूल्स
प्रोटीन	3.5 ग्राम
कार्ब	65.8 ग्राम
शुगर	49.1 ग्राम
वसा	15.2 ग्राम
सैचुरेटिड फैटी एसिड	3.6 ग्राम
फाइबर	2.3 ग्राम
सोडियम	0.1 ग्राम

पोर्शन का आकार व पोर्शन प्रति कंटेनर

पोर्शन साइज पर ध्यान दें ताकि आपको पता हो कि आप कितनी मात्रा ले रहे हैं।

ऊर्जा (एनर्जी) : यह लाइन बताती है कि आप उस हिस्से से कितनी कैलोरी ले रहे हैं। आपकी यूनिट किलो कैलोरी या किलो जूल्स है।

1 किलो कैलोरी = 4.2 किलो जूल्स

वसा (फैट) वसा को पोर्शन में प्रति 100 ग्राम मापा जाता है। इसे ट्रांस फैट्स, सैचुरेटिड व अनसैचुरेटिड फैट में तोड़ सकते हैं। ऐसा भोजन चुनें जो मोनोसैचुरेट व पोलीअनसैचुरेट रूप में अनसैचुरेटिड वसा के उच्चतम स्तर रखता हो।

मक्खन, चीज़ या मीट से मिलने वाले सैचुरेटिड फैट की अधिक मात्रा या ट्रांस फैट, कोलस्ट्रॉल के स्तर को बढ़ाकर कार्डियोवस्कुलर रोगों का खतरा बढ़ा सकते हैं। फेंच फाई, केक, हैमबर्गर, क्रेकर्स, चिप्स व बिस्कुट आदि में ट्रांस फैट की अधिक मात्रा पाई जाती है।

सोडियम

यह उत्पाद में नमक की मात्रा दर्शाता है। याद रखें कि सोडियम नमक का और भी सघन रूप है।

1 ग्राम सोडियम = 2.5 ग्राम नमक

कार्बोहाइड्रेट

उत्पाद में स्टार्च या शुगर से कार्बोहाइड्रेट आते हैं। कुछ उत्पादों में दोनों ही स्रोतों का ब्रेकडाउन होगा।

फाइबर

किसी पोर्शन में फाइबर की 3 ग्राम से अधिक मात्रा होने पर वह हाई-फाइबर फूड कहलाता है।

प्रोटीन

आपके लिए प्रतिदिन प्रोटीन की मात्रा उतने ग्राम होनी चाहिए, जितने किलोग्राम आपका वजन है।

भाग– 3

फिटनेस–एक जीवनशैली

16

व्यायाम क्यों?

आपका शरीर पूरी तरह से जटिल व लयबद्ध मशीन है, इसे एक जीता-जागता चमत्कार भी कह सकते हैं। काफी हद तक, आपका स्वास्थ्य जेनेटिक्स से प्रभावित होता है, परंतु जीवनशैली भी उतना ही महत्त्वपूर्ण कारक है। इस पुस्तक का अधिकांश भाग डाइट को कवर करता है, मुझे लगता है कि व्यायाम जीवनशैली से काफी हद तक जुड़ा है अत: इस पर भी बात होनी चाहिए। व्यायाम के बिना केवल डाइट से ही वजन घटाने के लक्ष्य को पाने की संभावना पूरी नहीं हो सकती। यदि आपका काउंटडाउन व्यायाम के साथ चलेगा तो आप कहीं बेहतर गति से वजन घटाने में सफल हो सकेंगे।

मैंने डाइट प्लान के पूरक रूप में एक्सरसाइज प्रोग्राम तैयार किया है ताकि आपके शरीर को अच्छी से अच्छी अवस्था में रखा जा सके। जब आपका शरीर संतुलित भोजन लेते हुए सही तरह से गतिशील रहता है तो आप काफी बेहतर अनुभव करते हैं। इससे न केवल शारीरिक लाभ होते हैं बल्कि आपकी छवि में भी सुधार होता है। ओ.के. यह सब तो आपने पहले भी सुन रखा है। मैं कुछ और भी बताना चाहूंगी।

क्या आपको पता है कि व्यायाम करने से मूड बेहतर होता है? व्यायाम के समय जब रक्त का प्रवाह मस्तिष्क की ओर जाता है तो एंड्रोफिन्स का स्राव होता है, उससे वही प्रभाव मिलता है, जो अवसाद मिटाने की दवाओं से प्राप्त होता है। एंड्रोफिन्स ऐसे हारमोन हैं, जो अच्छेपन का एहसास जगाने के साथ-साथ तनाव भी घटाते हैं। योग, श्वसन तकनीकें, स्ट्रेचिंग व्यायाम,दौड़ या मार्शल आर्ट्स-कोई भी शारीरिक गतिविधि आपको तनावरहित रहने व 'हाई' होने में मदद करती है।

टेनिस के खिलाड़ियों या मैराथन धावकों को देखें। वे कितने शांत व आत्मविश्वास से भरपूर दिखते हैं। वे लंबे डग भरते हैं, उनकी आंखें व त्वचा चमकदार होती है। उनकी गतिविधियों से मन व शरीर का बेहतर संतुलन झलकता है। वे उसी 'एक्सरसाइज हाई' का अनुभव कर रहे हैं, जिसकी मैं बात कर रही हूं। नियमित रूप से व्यायाम करने पर, आप भी वही प्रसन्नता पा सकते हैं।

कई व्यायाम करने वाले अच्छी शुरुआत के बावजूद हार क्यों मान लेते हैं?

कई लोग काफी जटिल एक्सरसाइज प्रोग्राम से आरंभ करते हैं और उस गति को बनाए नहीं रख पाते। ऐसा चोट, मानसिक या शारीरिक शक्ति क्षीण होने के कारण हो सकता है।

गौतम का ही मामला लें। 22 वर्ष की आयु में, उसने अधिक वजन होने के कारण कड़े व्यायाम का निर्णय लिया। हर सुबह वह 45 मिनट तक जॉग करता, फिर शाम को एक घंटा इंक्लाइन ट्रेडमिल पर वर्कआउट करता। उसने कई किलो वजन तो घटा लिया, पर घुटनों व कमर में दर्द रहने लगा। उसके लिए इसी गति से व्यायाम करते रहना कठिन होता गया और वह जबरदस्ती व्यायाम करता रहा। फिर उसने व्यायाम करना छोड़ दिया। नतीजा? न केवल वज़न फिर से बढ़ गया, व्यायाम से गौतम का भरोसा भी उठ गया।

मेरे हिसाब से एक फिटनेस रूटीन सुरक्षित, प्रभावी व आनंददायी होना चाहिए। यह आपकी जीवनशैली का एक अंश होना चाहिए।

मेरा ही मामला लें। पांच वर्ष की आयु से ही मैं प्रतियोगी तैराक बनने के लिए, स्कूल में तैराकी का कड़ा प्रशिक्षण ले रही थी। इसके अलावा मैं बैडमिंटन, स्क्वैश या टेबल टेनिस भी खेलती थी। यह गतिविधि मेरे दैनिक जीवन का हिस्सा थी। इसीलिए मुझे कभी नहीं लगा कि मैं अति कर रही थी। मेरे लिए खेल एक प्राकृतिक व स्वाभाविक क्रिया थी। हम सबके शारीरिक ढांचे अलग-अलग होते हैं।

मेरे बचपन का जुनून, वयस्क होने पर कैरियर चुनाव के रूप में सामने आया और आज मुझे वैलनेस पर लेखन व अध्यापन करने में सबसे ज्यादा आनंद आता है। मैं जब एक फिटनेस निर्देशक के रूप में छात्रों को बेहतर जीवनशैली चुनावों के निर्देश देती हूं, तो उन घंटों में पूरा आनंद उठाती हूं।

कक्षाओं के बल पर ही, मैं एक समय में 200 तक छात्रों से मेलजोल रख पाती हूं। जीवन के सभी क्षेत्रों से आए छात्र मेरी योग, पाइलेट्स, वेट व एरोबिक कक्षाओं में हिस्सा लेते हैं।

मैं आर्थराइट्स, ऑस्ट्यिोपोरोसिस, पीठ में दर्द, उच्च रक्तचाप, मधुमेह रोगियों व जीवनशैली जनित दूसरे रोगों के लिए अस्पतालों व कार्यशालाओं में भी पढ़ाती हूं।

बस जरा-सी कोशिश...

अब चर्चा का विषय यह नहीं कि 'व्यायाम करें, न करें,' मुद्दा यह है कि कितना, कब व किस गहनता से व्यायाम होना चाहिए। आपको पूर्व नियोजित व्यायाम कार्यक्रम से अधिकतम लाभ मिलना चाहिए। अब मैं आपको छात्रों के जीवन से जुड़े कुछ वास्तविक अनुभव देना चाहूंगी। गोपनीयता के लिहाज से नाम बदल दिए गए हैं।

शीला ने काफी जोश से मेरी एरोबिक कक्षा में नाम लिखाया। एक माह बाद उसने पूछा कि क्या व्यायाम के कारण उसका वजन बढ़ रहा था? मैं हैरान हो गई व उसे खुलकर कहने को कहा। शीला ने एक माह में 5 किलो वजन बढ़ाया था। मेरे सामने एक चिंतित छात्रा खड़ी थी।

मैंने शीला से उसके रोज के खान पान का पूरा ब्यौरा मांगा। उसने माना कि वह मनपसंद भोजन का खूब आनंद ले रही थी क्योंकि उसे लगता था कि व्यायाम से अतिरिक्त कैलोरी व्यय हो जाएगी। मुझे उसे याद दिलाना पड़ा कि व्यायाम के बावजूद, ज्यादा कैलोरी लेने से वजन बढ़ता है तो कहानी की शिक्षा हैं सिर्फ व्यायाम के कारण ही अंधाधुंध न खाएं अपने खाने पर नज़र रखें।

दूसरा छात्र, सुरेश गर्मियों की छुट्टियों में नदारद रहा। पहले मुझे लगा कि वह अवकाश मनाने गया होगा। फिर एक दिन मुझे एक मॉल में मिल गया। उसने बताया कि वह गर्मी की वजह से नहीं आ पा रहा था। व्यायाम करने से वह बीमार पड़ जाता और साथ ही उसका काफी वक्त बाहर बीतता।

मैंने सुरेश को वहीं भाषण पिलाया। माना कि गर्मी के मौसम में व्यायाम से बेचैनी होती है पर यह तो व्यायाम छोड़ने का कोई कारण नहीं बनता।

मैंने उसे सलाह दी कि वह इनडोर तथा एसी वाले माहौल में एक्सरसाइज करे, शाम को टहलने न जाए। इस तरह शरीर धूप में जाने से बचेगा व शरीर के तापमान में वृद्धि भी नहीं होगी।

कुछ दिन बाद, मैंने सुरेश को समुद्र के किनारे देखा, उसने मेरी तरफ ध्यान नहीं दिया, वह जॉगिंग में व्यस्त था।

मेरा एक छात्र साइरस तो पूरा एक्सरसाइज जंकी है। उसे लगता है कि व्यायाम जितना कड़ा होगा, उसे उतना ही लाभ होगा। एक दिन, जिम में उसे चोट लग गई और वह मेरे पास मदद के लिए आया। मैंने उसे विश्राम लेने की सलाह दी ताकि शरीर की ऊर्जा फिर से भरपूर हो जाए। साथ ही उसे यह भी समझाया कि उसे अपने वर्कआउट की गहनता घटानी चाहिए।

क्या हो इसकी सीमा?

वैसे तो संयमित गहनता ही ठीक रहती है। यदि आडंबर के साथ व्यायाम करते रहे तो वजन घटाने का लक्ष्य नहीं पा सकेंगे। अति से चोट लगने का भय है। यदि संयमित भाव से चलेंगे तो यह प्रक्रिया लंबे समय तक जारी रख सकेंगे। साइरस ने मेरी यह सब बातें सुनीं तो उसने अपने एक्सरसाइज रूटीन की गहनता घटा दी।

आप भी एक संयमित गहनता वाले वर्कआउट के लिए इन दिशा-निर्देशों का पालन कर सकते हैं–

- मांसपेशियों के तनाव को महसूस करें पर दर्द होने की स्थिति न आने दें।
- 'टॉक टेस्ट' का प्रयोग करें यानी छोटे वाक्यों में बात कर सकते हैं पर गा नहीं सकते।
- अपने व्यक्तिगत स्वास्थ्य स्तर व फिटनेस लक्ष्य के हिसाब से ही फिटनेस दिनचर्या बनाएं।

स्वयं से करें एक मुलाकात

डेली प्लानर में 'वर्कआउट' को शामिल करें। व्यायाम को दैनिक जीवन का अंग बनाते हुए डायरी में लिखें ताकि इससे किसी मुलाकात की तरह पेश आ सकें।

सुबह जल्दी उठ जाएं तो व्यायाम करें। यदि हाई नोट पर दिन का अंत करना चाहें तो शाम को व्यायाम करें या फिर दोपहर का समय चुनें। ऐसा समय चुनें, जो आपको पूरी तरह से अनुकूल हो।

सीटिंग टारगेट न बनें : आरामदायक जीवनशैली सेहत को नुकसान करती है। यह मोटापा, मधुमेह, ऑस्टियोपोरोसिस, हाइपर मेलेस्ट्रोलीमियर व उच्च रक्तचाप का कारण बन सकती है। निष्क्रिय लोग मूड के उतार-चढ़ाव, आलस, अवसाद, कष्ट व पीड़ा से भी ग्रस्त रहते हैं। इसलिए गतिशील रहें।

- व्यायाम से वजन घटता है।
- हृदय रोगों, मधुमेह, उच्च रक्तचाप व ऑस्टियोपोरोसिस का खतरा घटता है।
- व्यायाम से बुरा कोलस्ट्रॉल घटता है व अच्छे कोलस्ट्रॉल में वृद्धि होती है।
- पोस्चर में सुधार होता है।
- कार्यक्षमता बढ़ती है।
- रोग प्रतिरोधक क्षमता बढ़ती है।

उचित प्रकार से गतिशील हों

जब भी संभव हो, गतिविधि का स्तर बढ़ाएं, छोटा-छोटा प्रयास भी मायने रखता है। जब भी आप गतिशील होते हैं तो कैलारी व्यय होती है। चलना, घर के काम करना, बागवानी, घर की सफाई, सीढ़ियां चढ़ना, कुत्ते को घुमाना, बाजार से सामान लाना व नाचना भी व्यायाम की श्रेणी में आते हैं।

खाना पकाना	148 प्रतिघंटा कैलोरी
घर की सफाई	207 प्रतिघंटा कैलोरी
चाइल्ड केयर– खिलाना/कपड़े पहनाना	207 प्रतिघंटा कैलोरी
नाचना	266 प्रतिघंटा कैलोरी

फिट टिप्स :

- यदि बैठे हैं तो हर घंटे बाद उठकर कमरे में चक्कर लगाएं। ऑफिस के दौरान या टी.वी. देखते समय भी ऐसा ही करें। इससे रक्त का संचार सही रहेगा।
- लिफ्ट की जगह सीढ़ियों से जाएं। यदि अभ्यास होगा तो सांस भी नहीं चढ़ेगी।
- बागवानी में करें कुत्ते को सैर कराएं; फिट रहें।
- अपने एब्स टक्ड रखें। इससे उनकी मांसपेशियां मजबूत होंगी।

सेब बनाम नाशपाती : आप एप्पल-शेप्ड हैं या पीयर-शेप्ड? यदि कंधे नितंबों से ज्यादा विकसित हैं तो आप क्लासिक 'एप्पल' हैं। यदि नितंब भारी हैं तो आप 'पीयर' हैं। वसा वितरण के ढांचे से कुछ रोगों के लिए हेल्थ फैक्टर पता लग सकते हैं। पेट के निचले हिस्से पर फालतू वसा या एप्पल शेप्ड बॉडी को मोटापे का एंड्रायड टाइप कहते हैं। इसमें हृदय रोगों का खतरा अधिक होता है।

इसके विपरीत यदि नितंबों व जांघों पर मांस बढ़ रहा है तो यह मोटापे का जेनेटिक टाइप है। प्राय: जेनेटिक कारणों से पुरुषों में पेट पर व महिलाओं में नितंबों व जांघों पर वसा का जमाव होता है।

आपने कितने इंच मापे?

अपनी कमर के घेरे के आसपास इंच-टेप लगाएं। उचित तनाव के साथ टेप को खींचते हुए मापें।

यह मोटापा मापने का एक प्रमुख तरीका है। पुरुषों में यह आप 40 से अधिक व महिलाओं में 35 से अधिक हो तो यह मोटापा कहलाता है।

शरीर का वसा प्रतिशत

आपके शरीर का वसा प्रतिशत क्या है? क्या आप एक विशेष यंत्र की सहायता से शरीर का वसा प्रतिशत जान सकते हैं? एक चार्ट की मदद से इसे जानें–

महिलाएं :

अनिवार्य वसा	10–13 प्रतिशत
खिलाड़ी	14–20 प्रतिशत
फिट महिलाएं	21–24 प्रतिशत
औसत	25–31 प्रतिशत
मोटी	32 प्रतिशत व अधिक

पुरुष

अनिवार्य वसा	2–5 प्रतिशत
खिलाड़ी	6–13 प्रतिशत
फिट	14–17 प्रतिशत
औसत	18–24 प्रतिशत
मोटे	25 प्रतिशत व अधिक

वसा का प्रतिशत घटाएं व मसल मास का प्रतिशत बढ़ाने का लक्ष्य रखते हुए शरीर की संरचना में सुधार लाएं।

फिटनेस के अंग

1. कार्डियोवास्कुलर फिटनेस
2. स्ट्रेंथ ट्रेनिंग
3. लोच के लिए एक्सरसाइज रूटीन

कार्डियोवस्कुलर फिटनेस

जिस व्यायाम में हार्ट की कंडीशनिंग हो, उसे एरोबिक या कार्डियोवास्कुलर व्यायाम कहते हैं। वॉकिंग, जॉगिंग, साइकलिंग, तैराकी व रस्सी-कूदना आदि इसी के उदाहरण हैं। हृदय शरीर की सबसे सक्रिय मांसपेशी है व नियमित व्यायाम से इसकी कार्यक्षमता में सुधार होता है। इसे स्वस्थ रखना चाहें तो रोज 30 मिनट तक व्यायाम करें। इस तरह हृदय, फेफड़े व रक्त परिसंचरण तंत्र सुचारू रूप से काम करते रहेंगे।

स्ट्रैंथ ट्रेनिंग

स्ट्रैंथ ट्रेनिंग से मसल की ताकत बढ़ती है। हड्डियों का घनत्व बढ़ने के साथ-साथ जोड़ भी ठीक रहते हैं। मेटाबॉलिज्म की दर में सुधार होता है। आप एक सुगठित व सुडौल शरीर पाते हैं। आप हैल्थ क्लब, जिम या घर में विविध उपकरणों की सहायता से स्ट्रैंथ ट्रेनिंग कर सकते हैं।

(कृपया होम जिम एक्सरसाइज अध्याय भी देखें)

इसके बाद मांसपेशियों को आराम दें। यदि एक दिन छोड़कर करें तो बेहतर होगा। हर प्रमुख मांसपेशी समूह पर, सप्ताह में 2-3 दिन काम करना ही बेहतर होगा।

लोचयुक्त व्यायाम

प्राय: इसे उपेक्षित कर दिया जाता है पर लोच भी फिटनेस का एक खास अंग है।

एक लोचयुक्त शरीर किसी भी तरह के मांसपेशीय तनाव से मुक्त होता है। योग में वैज्ञानिक रूप से स्ट्रेचिंग का प्रयोग होता है, ताकि रक्तसंचार में वृद्धि हो, जोड़ों की बनावट तक पोषक तत्वों की आपूर्ति हो, मांसपेशियों में शिथिलता आए, जोड़ों में गतिशीलता बनी रहे व पोस्चर में सुधार हो।

व्यायाम कैलोरी घटाने में सहायक है

वजन घटाना है तो कैलोरी घटानी होगी। सप्ताह में 1 से 2 पौंड तक वजन घटाना ठीक है। यदि 1 पौंड वजन घटाना चाहें तो प्रतिदिन 500 कैलोरी कम लें। इस तरह सप्ताह में 3500 कैलोरी कम होगी। कैलोरी ग्रहण करने की मात्रा घटाएं व ली गई कैलोरी को व्यायाम की सहायता से व्यय करें।

यदि 250 कैलोरी कम लें व प्रतिदिन 250 कैलोरी व्यायाम से व्यय करें तो प्रतिदिन 500 कैलोरी की कटौती हो गई। ऐसा प्रतिदिन करें व एक सप्ताह में 1 पौंड तक वजन घटा दें।

इस डाइट के अनुसार आप रोज 300 से 700 कैलोरी तक घटा सकते हैं। व्यायाम से 250–300 कैलोरी घटाएं व इस तरह प्रतिदिन 500 से 1000 कैलोरी की कटौती होगी।

3500 कैलोरी = 1 पौंड वजन

1000 कैलोरी, 7 दिन तक = 7000 कैलोरी या 2 पौंड वजन

सप्ताह में 2 पौंड यानी तकरीबन, 1 किलो वजन घटा लेंगे, तो आपने देखा कि व्यायाम भी वजन घटाने में अहम भूमिका निभाता है। यदि आप पूरे डाइट प्लान में इसी दर को बनाए रख सके तो चौथे सप्ताह के अंत तक तकरीबन 4 किलो वजन घटा सकेंगे।

व्यायाम से वजन घटने की गारंटी

प्रतिदिन एक घंटे तक टहलें। अपने वर्कआउट रूटीन को 30–30 मिनट या 20–20 मिनट के सत्रों में तोड़ लें।

सप्ताह में दो-तीन बार स्ट्रैंथ रूटीन अपनाएं (20 से 30 मिनट)। इसके बाद अंत में योग करना भी लाभदायक होगा।

हमेशा वार्मअप से आरंभ करें व व्यायाम के अंत में 5 मिनट तक कूल डाउन करें। यही एक सही तरीका है।

वर्कआउट को कारगर बनाएं

7 दिवसीय वर्कआउट प्लान का सुझाव—

सोमवार – 1 घंटा सैर + 30 मिनट स्ट्रैंथ वर्कआउट
मंगलवार – 1 घंटा सैर + 30 मिनट योग या स्ट्रैच
बुधवार – 1 घंटा सैर + 30 मिनट स्ट्रैंथ वर्कआउट
वीरवार – 1 घंटा सैर + 30 योग या स्ट्रैंथ
शुक्रवार – 1 घंटा सैर
शनिवार – 1 घंटा सैर
रविवार – 1 घंटा सैर + 30 मिनट योग या स्ट्रैच

सावधान रहें

आरंभ में थोड़ा ध्यान दें। फिर फिटनेस के स्तर को ध्यान में रखते हुए गहनता बढ़ाएं। बेहतर होगा कि अपनी आयु, अपटीट्यूड, वर्तमान मेडीकल इतिहास आदि के आधार पर पारिवारिक डॉक्टर से परामर्श लेने के बाद ही आगे कदम बढ़ाएं।

जल्दी से प्रगति व नतीजे पाना। क्या यह सही है?

चाहे आप कितने भी महत्त्वाकांक्षी क्यों न हों पर याद रखें कि आपके शरीर की इतनी क्षमता नहीं है। जरूरत से ज्यादा अति होगी तो शरीर का ऊर्जा भंडार चुक जाएगा व थकान होने लगेगी, इक्यूनिटी घटेगी। रोग व संक्रमण तेजी से घटेंगे।

प्रतिदिन 250–300 कैलोरी व्यय का लक्ष्य रखें। यहां कैलोरी व्यय के लिए गतिविधियों की सूची दी गई है। हालांकि यह काफी हद तक शरीर के वजन, फिटनेस स्तर व व्यायाम की गहनता जैसे कारकों पर भी निर्भर करती है।

सैर : वॉकिंग शूज़ पहनें व टहलने निकल पड़ें।

कैलोरी व्यय : 300 प्रतिघंटा

पहाड़ी की सैर : इससे सैर की गहनता बढ़ेगी। टांगें, व नितंब सुडौल होंगे।

कैलोरी व्यय : 400 प्रति घंटा

तैराकी : मांसपेशियों को पानी में चुनौती दें। यह सुरक्षित व हल्के प्रभाव वाला व्यायाम पूरे शरीर को प्रभावित करता हैं

साइकिल चलाना : घर में या बाहर साइकिल चलाने से, शरीर के निचले हिस्से की टोनिंग होगी।

कैलोरी व्यय 300 प्रतिघंटा

टेनिस/स्क्वैश/बैडमिंटन : खेल के रोमांच से बढ़कर क्या होगा।

कैलोरी व्यय : 400 प्रतिघंटा

स्किप/स्पीड जॉग (इंटरवल) : इंटरवल ट्रेनिंग से 25 मिनट में और अधिक कैलोरी व्यय करें।

2 मिनट तक रस्सी कूदें। 3 मिनट तक तेज जॉग करें। 25 मिनट दोहराएं।

कैलोरी व्यय : 25 मिनट में 300

ट्रैंपोलिन पर जॉग : ट्रैंपोलिन पर उछलना

कैलोरी व्यय : 300 प्रतिघंटा

दौड़: गति बढ़ाएं व उसे महसूस करें। एक ग्रेट एक्सरसाइज।

कैलोरी व्यय 400 प्रति घंटा

पंच व किक : पंचिंग बैग व दस्ताने लें व पंच-किक शुरू कर दें।
कैलोरी व्यय : 450 प्रतिघंटा

मिथ बस्टर : पेट की वसा से छुटकारा। एक सप्ताह में कई इंच घटाएं। मैंने 90 दिन में 90 पौंड कैसे घटाए। नहीं, मैं यह नहीं कह रही। आप गूगल 'वेट लॉस' पर ऐसी पंक्तियां पढ़ सकते हैं। हर प्रोमो पढ़कर लगता है कि वजन घटाना तो सबसे आसान काम है। यदि ऐसा होता, तो इस धरती पर कोई मोटा व्यक्ति न होता।

पर मैं व आप बेहतर जानते हैं। आप जानते हैं कि डाइट प्लान के साथ मेहनत करते हुए कैसे धीरे-धीरे वजन घटता है। वेट लॉस कोई पिकनिक नहीं है।

पर मीडिया हाइप का क्या करें? कई डायटीशियन, ट्रेनर व फिटनेस एक्सपर्ट भी अपने हितों के मारे, ऐसे झूठे प्रचारों में योगदान देने लगते हैं।

जैसे डायटीशियन प्राय: स्ट्रैंथ ट्रेनिंग न लेने की सलाह देते हैं क्योंकि इससे वजन बढ़ता है। वे आपको यह नहीं बताते कि आपकी फैट नहीं मसल मास बढ़ेगा। एक अच्छा डायटीशियन हमेशा अपने डाइट प्लान में संतुलित व पौष्टिक भोजन के साथ स्ट्रैंथ ट्रेनिंग शामिल करेगा ताकि आपकी मांसपेशियां या हड्डियां, डाइट के कारण कमजोर न हों।

वर्षों से मैं छात्रों की जिज्ञासा के उत्तर देती आई हूं। इस अध्याय में मैं उन्हीं कुछ बातों को शामिल करने जा रही हूं। इस तरह व्यायाम से जुड़ी भ्रांत धारणाएं मिटाने में सहायता मिलेगी।

प्र. मैंने हाल ही में व्यायाम कक्षा में दाखिला लिया है पर व्यायाम करने से भूख खुल गई है व मैं भूखा रहने लगा हूं। ज्यादा खाने से, वजन तेजी से बढ़ रहा है तो फिर व्यायाम से क्या लाभ?

उ. हो सकता है कि पहले-पहल व्यायाम आरंभ करने के बाद आपको तेज भूख लगे। ऐसा इसीलिए है कि व्यायाम करने से शरीर की मेटाबॉलिक दर बढ़ जाती है पर जब आप शारीरिक रूप से फिट हो जाएंगे तो शरीर इस बढ़ी हुई शारीरिक गतिविधि को अपना लेगा व ज्यादा भूख भी नहीं लगेगी।

व्यायाम अंधाधुंध खाने का लाइसेंस नहीं देता। इस तरह खाएंगे तो वजन ही बढ़ेगा।

तथ्य परक बातें

शोध से पता चला है कि किसी एक्सरसाइज प्रोग्राम पर टिके रहना ही, वेट मैनेजमेंट में दीर्घकालीन सफलता का सूचक है।

प्र. क्रेश डाइट पर जाने से मेरा वजन ज्यादा तेजी से घटता है पर व्यायाम से तो ऐसा नहीं हो पाता है, क्यों?

उ. व्यायाम से न केवल शरीर को सही शेप मिलता है, वसा का स्तर भी घटता है। यदि अचानक खाना-पीना कम किया तो मेटाबॉलिक दर घटने से वसा घटने की प्रक्रिया भी मंद हो जाएगी।

तथ्य परक बातें

व्यायाम न करने वाले डाइटर्स में, 25 प्रतिशत वजन की कमी, मसल मास में कमी के कारण होगी पर जो लोग डाइट के साथ व्यायाम भी अपनाते हैं, उनमें 8 प्रतिशत वजन की कमी, मसल मास के कारण होगी। व्यायाम करने से मसल मास की हानि नहीं होती—यह स्वस्थ रहने के महत्त्वपूर्ण कारकों में से है।

मसल मास इतना महत्व क्यों रखता है?

यह कैलोरी व्यय में सहायक है। अधिक मसल का मतलब है, मेटाबॉलिज्म में तेजी। तभी व्यायाम करने से आपके मेटाबॉलिज्म की दर 25 प्रतिशत तक बढ़ जाती है, क्योंकि मसल्स को स्वयं को बनाए रखने के लिए अधिक कैलोरी व ऑक्सीजन चाहिए। जबकि वसा को बहुत कम मात्रा में चाहिए।

मेरी एक छात्रा राखी, एक साल से मेरे पास प्रशिक्षण ले रही थी। उसने काफी मेहनत के बाद कुछ इंच घटाने में सफलता पाई पर यह उसके स्केल पर नहीं आया। उसने शिकायत तो नहीं की पर उसे हैरानी थी कि अपनी सबसे पतली जींस फिट होने के बावजूद वजन क्यों नहीं घटा था।

मैंने उसे समझाया कि उसके वजन में नहीं बल्कि शरीर की कंपोजीशन में बदलाव आया था। लगातार व्यायाम ने मांसपेशियों को शेप दी, हड्डियों को मजबूत बनाया व त्वचा के नीचे छिपी वसा पिघल गई, तो उसने शीशे में एक सुडौल व सुगठित शरीर देखा। हालांकि उसका वजन उतना ही रहा।

यह शरीर वसा व वसारहित तत्व; जैसे हड्डियों, टेंडन व मसल्स के मेल से बना है। व्यायाम करने से वसा घटती है व वसारहित मांस में वृद्धि होती है स्केल पर वजन घटाना चाहें तो व्यायाम के साथ-साथ डाइट प्लान की मदद से कैलोरी ग्रहण की मात्रा भी घटाएं।

प्र. अक्सर एक प्रश्न लगातार दोहराया जाता है, 'मसल टू फैट' स्टोरी। कई छात्र पूछते हैं – क्या वेट ट्रेनिंग रोकते ही मसल वसा में बदल जायेंगे?

उ. नहीं, मसल व फैट की अलग विशेषताएं हैं। वे दोनों नहीं बदल सकते। जब आप व्यायाम करना छोड़ देंगे तो प्रशिक्षित मसल, फिर से व्यायाम से पहले वाले स्तर पर आ जाएंगे।

प्र. मुझे 7 किलो वजन घटाना है। मुझे ऑफिस के लंबे घंटों के बाद भी व्यायाम करना पसंद है, इससे मेरा तनाव घटता है पर मैं खाने के समय, खाने की मात्रा को सीमित नहीं रख पाता, मैं डायटिंग के बारे में सब भूल जाता हूं।

मैं वजन घटाने के लिए और भी व्यायाम करने को तैयार हूं पर प्लीज़ मुझे डाइट करने को न कहें।

उ. वजन घटाने के लिए केवल व्यायाम ही पर्याप्त नहीं है। इससे आप सही शेप में आ सकते हैं। वसा घटा सकते हैं व शरीर की कंपोजीशन भी सुधार सकते हैं पर वजन घटाने के लिए तो डाइट पर ध्यान देना ही होगा।

याद रखें कि अगर आपने वजन घटाने का निर्णय ले लिया है तो कोई भी आपको उस दिशा में जाने से रोक नहीं सकता। स्वयं को निरंतर घटे हुए वजन से होने वाले लाभ गिनाते रहें। जरा सोचें कि आप कितने बेहतर दिखेंगे व महसूस करेंगे।

वजन घटाने के लिए आपकी सकारात्मक मानसिकता बहुत मायने रखती है।

फिट टिप : किसी ट्रेनर की सलाह लें। अपने लक्ष्य तक जाने के लिए किसी प्रशिक्षित फिटनेस व्यवसायी से परामर्श लेना ठीक रहेगा। कभी-कभी आपको यह भी तसल्ली कर लेनी चाहिए कि वर्कआउट आपके लिए काम कर रहा है या नहीं।

70 प्रतिशत डाइट + 30 प्रतिशत व्यायाम = वेट लेस

17

आराम आ गया!

खास जरूरतों के लिए खास इलाज

आप में से ये कई सोच सकते हैं कि शारीरिक अपंगता या स्वास्थ्य समस्या के कारण आप व्यायाम नहीं कर सकते। गलत! आप भी अपनी जरूरतों के हिसाब से एक्सरसाइज रूटीन चुन सकते हैं। हकीकत में, व्यायाम से लक्षणों को काफी हद तक नियंत्रित कर सकते हैं व कई मामलों में तो समस्या भी सुलझ जाती है।

उच्च रक्तचाप, मधुमेह, पीठ दर्द, गठिया, हाइपरटेंशन, व हाइकोलस्ट्रॉल जैसे रोगों का व्यायाम से काफी प्रभावी इलाज हो सकता है। एक क्लीनिकल एक्सरसाइज स्पेशलिस्ट के तौर पर, मैंने कई ऐसे रोगी देखे हैं, जिन्हें इस प्रकार की शारीरिक गतिविधि से लाभ हुआ। यह सुनिश्चित रूप से, जीवनशैली से जुड़े रोगों पर भी लागू होता है। बस आपको यह पता होना चाहिए कि किस एक्सरसाइज पर केंद्रित होना है व किसे छोड़ना है।

मैं कहना नहीं चाहती पर कुछ लोग ऐसे भी होते हैं जो ऐसे दुख-दर्द पाल लेते हैं, जो कहीं होते ही नहीं। इसका मतलब है कि वे व्यायाम से बचने का बहाना खोजते हैं। ऐसा करके, आप केवल स्वयं को ही धोखा दे रहे हैं। व्यायाम एक स्वाभाविक थेरेपी है तथा फिट रहने की प्रमाणिक प्रवृत्ति है, तो स्वयं को इससे दूर क्यों रखा जाए।

कभी-कभी हालात भी आपकी शारीरिक गतिविधि के लिए अहम भूमिका निभाते हैं। मेरी स्कूल की सहेली राधा का ही उदाहरण लें। वह अपनी बढ़ती उम्र में एक अच्छी स्पोर्ट्स पर्सन थी। बचपन में हम दोनों ही स्क्वैश खेलते थे। फिर मेरा उससे संपर्क टूट गया। मैंने सुना कि उसने घुटने में चोट की वजह से खेलना छोड़ दिया था।

जब मैं पिछले साल राधा से मिली तो उसकी दशा देखकर हैरान रह गई। वह अपने बढ़े हुए वजन के साथ बड़ी विचित्र लगी। उसने स्क्वैश खेलना तो छोड़ ही दिया था, कोई दूसरा व्यायाम भी नहीं कर रही थी।

मैंने उसे समझाया कि वह व्यायाम अवश्य करे। स्क्वैश के सिवा दूसरे विकल्प भी तो मौजूद थे। मैंने उसे चहलकदमी, तैराकी व साइकलिंग करने की सलाह दी। मैंने उसे कहा कि उसे एक क्वालीफाइड ट्रेनर के निरीक्षण में स्ट्रैंथ ट्रेनिंग व्यायाम आरंभ करने चाहिए। इस व्यायाम से उसकी टांग की मांसपेशियों को मजबूती मिलने के साथ-साथ घुटने के जोड़ों को भी सहारा मिलता। शरीर के ऊपरी हिस्से व उदर के व्यायाम पूरी फिटनेस का ध्यान रखते।

राधा ने मेरी सलाह मान ली और आज वह जबरदस्त शेप में दिखती है। हाल ही में, हम स्कूल री-यूनियन में मिले, कहना नहीं होगा कि सबकी नजरें उसी पर थीं।

(राधा की तरह बहुत से ऐसे लोग हैं, जो स्वास्थ्य समस्या के बावजूद व्यायाम का लाभ पा सकते हैं। कोई भी एक्सरसाइज प्लान आरंभ करने से पहले अपने फिजिशियन की राय लेना न भूलें क्योंकि वे हेल्थ हिस्ट्री व ताजा मेडीकल हालात जानते हैं।

अर्थराइटिस

इस रोग में शरीर के जोड़ों में अकड़न, सूजन व दर्द की शिकायत रहती है। खासतौर पर ज्यादा भार उठाने वाले जोड़ प्रभावित होते हैं; जैसे-नितंब, घुटने, रीढ़ की हड्डी व कंधे।

अगर आप भी ऐसे रोगी हैं तो निष्क्रियता के जाल में न फंसे। व्यायाम से जितना दूर भागेंगे, शरीर उतना ही कमजोर होगा। आरामदायक जीवनशैली से जोड़ों की जकड़न बढ़ेगी, ताकत घटेगी व कार्डियोवस्कुलर फिटनेस पर भी गलत असर पड़ेगा। यहां से आप की हालत बद से बदतर होती चली जाएगी।

प्र. मुझे अर्थराइटिस है। मैं क्या कर सकता हूं?

उ. रोज स्ट्रेचिंग करें ताकि जोड़ों की जकड़न खुले स्ट्रेचिंग व्यायामों से हर जोड़ को लोच व गति मिलेगी। जोड़ों की सूजन भी घटेगी, इसके लिए किसी थेरेपिस्ट की मदद लें।

स्ट्रैंथ प्रशिक्षण से लाभ :

हल्का भार उठाने से हड्डियों की ताकत बढ़ेगी। दर्द व सूजन घटने पर ही व्यायाम करें व अपने डॉक्टर की राय ले लें।

हल्के प्रभाव वाले कार्डियोवस्कुलर व्यायाम :

पहले-पहल आर्थराइटिस रोगियों को एरोबिक व्यायाम न करने की सलाह दी जाती थी ताकि जोड़ों का दर्द बढ़ न जाए।

अब एरोबिक व्यायाम सुरक्षित व प्रभावी माने जाते हैं। खासतौर पर जब सूजन की अति न हो। तैराकी, साइकलिंग व चहलकदमी आदि हल्के प्रभाव वाले कार्डियोवास्कुलर व्यायाम हैं जोकि जोड़ों व फिटनेस के लिए ठीक रहेंगे।

तैराकी में कोई भार नहीं उठाना पड़ता और जोड़ों पर भी कम-से-कम प्रभाव होता है। यदि किसी को खेल में चोट लगी हो, पीठ या जोड़ों की समस्या हो तो पानी में वर्कआउट करना एक अच्छा विकल्प है।

तनावरहित अर्थराइटिस प्रबंधन

- यदि वजन ज्यादा है तो आप जोड़ी पर और भी भार डाल रहे हैं। वजन घटाने से जोड़ों का दबाव घटेगा व उन्हें आराम मिलेगा।
- सही तरह के फुटवियर पहनें। अच्छी फिटिंग वाले जूते पैरों को अच्छी दशा में रखेंगे।
- गर्म पानी के स्नान, आईस पैक या हीट पैड से भी जोड़ों के दर्द में आराम आएगा।
- शरीर के संकेतों को पहचानें। अगर आप लगातार तनावपूर्ण गतिविधि से जोड़ों को थका देंगे तो दर्द आपको रुकने का संकेत देगा।

ऑस्टियोपोरोसिस

इस रोग में धीरे-धीरे हड्डियां कमजोर होती हैं व हड्डियां टूटने की संभावना बढ़ जाती है। तीस वर्ष की आयु के बाद महिलाओं में हड्डियों का घनत्व घटने लगता है।

हल्की रेजिस्टेंस ट्रेनिंग से हड्डियों में कैल्शियम का जमाव बढ़ा सकते हैं। चहलकदमी व भार उठाने वाले व्यायामों से भी आराम आएगा।

माना जाता है कि हल्के भार उठाने वाले व्यायाम केवल फिट लोगों के लिए हैं पर सच यह है कि कोई भी, किसी भी आयु में इस हल्के रेजिस्टेंस ट्रेनिंग रूटीन को अपना सकता है।

तथ्य परक बातें

तीन में से एक महिला तथा 12 में से एक पुरुष में, 50 वर्ष की आयु में हड्डियां भंगुर होने लगती हैं। इससे ऑस्टियोपोरोसिस का खतरा बढ़ जाता है।

हड्डियों के लिए भोजन

कैल्शियम की भरपूर मात्रा न लेने से हड्डियां कमजोर हो जाती हैं। अध्ययन से पता चला है कि कई महिलाएं तो कैल्शियम की आधी मात्रा भी नहीं लेतीं, जितनी कि उनकी हड्डियों को मजबूत बनाने के लिए चाहिए। आपकी आयु के अनुसार, प्रतिदिन की कैल्शियम ग्रहण मात्रा 1000 से 1200 मि.ग्रा. होनी चाहिए।

दही, दूध, संतरे का रस, चीज़, सार्डिन, ऑयस्टर, हरी सब्जी, बीस व ब्रोकली आदि कैल्शियम से भरपूर होते हैं।

विटामिन डी : कैल्शियम के अवशोषण के लिए विटामिन डी चाहिए। सूरज की सुबह-सुबह की किरणों स्वस्थ हड्डियों के लिए भरपूर विटामिन डी प्रदान करती हैं। हालांकि ज्यादा देर तक सूरज के आगे न बैठें। आपको प्रतिदिन 100 यू.जी. विटामिन डी चाहिए।

दूध, अंडे की जर्दी, ट्यूना व सालमन में विटामिन डी पाया जाता है।

मधुमेह : यदि आप मधुमेह से पीड़ित हैं तो इससे जुड़े खतरों से भी परिचित होंगे। आपको किडनी फेलियर, नर्व डिसआर्डर, आंखों व दिल के रोगों से अपना बचाव करना होगा। व्यायाम करने से ग्लूकोज की नियमितता में सुधार होगा। हृदय रोग, हाइपरटेंशन, कोलस्ट्रॉल का स्तर व अतिरिक्त वजन का खतरा घटेगा।

व्यायाम करने से पहले, व्यायाम के समय, दिए गए इंसुलिन की मात्रा व इंजेक्शन का स्थान जैसे कारकों को ध्यान में रखें।

- नियमित रूप से व्यायाम करते हुए सक्रिय जीवनशैली जीएं।
- स्वस्थ भोजन करें व नियमित समय पर करें।
- डॉक्टर के कहे अनुसार दवा लें।

तथ्य परक बातें

यू.एस. में डी.डी.डी. प्रोग्राम में हुए एक अध्ययन से पता चला है कि व्यायाम व डाइट से, शरीर का 5 से 7 प्रतिशत वजन घटा लिया जाए तो टाइप 2 मधुमेह से बचाव हो सकता है।

एक मधुमेह रोगी के लिए 30 से 60 मिनट के संयमित गति के गहन व्यायाम व सप्ताह से 5 में 7 दिन का सुझाव दिया जाता है। यदि आप शारीरिक गतिविधि के आदी नहीं हैं तो कम अवधि से आरंभ करें।

हाइपरटेंशन : उच्च रक्तचाप से दिल पर दबाव बढ़ता है, हृदय रोग व स्ट्रोक का खतरा बढ़ता है। खुशखबरी यह है कि व्यायाम से उच्च रक्तचाप भी घटता है। नियमित व हल्के प्रभाव वाली एरोबिक गतिविधि से, दोनों तरह के रक्तचाप (सिस्टोलिक व डायस्टोलिक) में 100 एमएमएचजी का अंतर आ सकता है।

उनके लिए चहलकदमी, साइकलिंग, तैराकी, कम गतिविधि के एरोबिक व्यायाम या ट्रेडमिल पर वर्कआउट की सलाह दी जाती है। आप हल्के रेजिस्टेंस की वेट ट्रेनिंग एक्सरसाइज भी कर सकते हैं। रक्तचाप बढ़ाने वाले हैवी रेजिस्टेंस व्यायाम न करें।

फ्रीक्वेंसी–30-60 मिनट सप्ताह में 4 से 6 दिन।

आरंभ में 10 मिनट पहले हल्की चहलकदमी से वार्म-अप करें।

हाई कोलस्ट्रॉल : आपके शरीर में कोलस्ट्रॉल का स्तर जेनेटिक व जीवनशैली कारकों से सुनिश्चित होता है। डाइट, व्यायाम की कमी व मानसिक तनाव से भी कोलस्ट्रॉल का खतरा बढ़ सकता है। इसके लक्षण भी दिखाई नहीं देते व रोग पनप जाता है।

साल में एक बार कोलस्ट्रॉल के स्तर की जांच अवश्य कराएं। यह पता होना आवश्यक है ताकि समय रहते इसकी चिकित्सा व नियंत्रण हो सके।

रक्त कोलस्ट्रॉल घटाने का बेहतर उपाय क्या है?

जिनका वजन अधिक हो उन्हें सैचुरेटिड वसा की मात्रा घटानी चाहिए। व्यायाम व वजन घटाने का प्रमुख लक्ष्य बनाना चाहिए।

हाल ही में पता चला है कि शरीर में कोलस्ट्रॉल 200 एमजी प्रति डेसीलीटर से अधिक मात्रा नहीं होनी चाहिए। यदि आपका कुल कोलस्ट्रॉल स्तर 200 से 239 एमजी/डीएल है तो आपके लिए कोरोनरी हृदय रोगों का खतरा अधिक हो सकता है। यदि आपके कुल कोलस्ट्रॉल का स्तर 240 एमजी/डीएल या उससे अधिक है तो आप हाई रिस्क श्रेणी में आते हैं।

व्यायाम से कोलस्ट्रॉल का स्तर घटा सकते हैं। नियमित व्यायाम, जॉगिंग, साइकलिंग व तैराकी आदि से हाइपर कोलस्ट्रोलीमिया का खतरा घट सकता है।

फ्रीक्वेंसी–30-60 मिनट सप्ताह में 7 दिन।

तथ्य परक बातें

वजन घटाना व खासतौर से कमर व पेट के आसपास से वजन घटाने का संबंध, एचडीएल खासतौर में वृद्धि से है, जो कि अच्छा कोलेस्ट्रॉल है। यह एल डी एल कोलेस्ट्रॉल व साइग्लिसराइड स्तर में घटाव का भी सूचक है।

18

घर पर करने योग्य सरल व्यायाम

क्या आप उन लोगों में से हैं जो योग व चहलकदमी को तो अपने फिटनेस प्लान में शामिल करते हैं पर स्ट्रैंथ ट्रेनिंग को भूल जाते हैं? अगर ऐसा है, तो अपने रूटीन को बदलने का समय आ गया है। आपको फिट रहने के लिए स्ट्रैंथ ट्रेनिंग रूटीन अपनाना चाहिए। यदि वर्कआउट में स्ट्रैंथ ट्रेनिग शामिल होगी तो फ्रेक्चर या हड्डी में चोट लगने का खतरा घट जाएगा। नियमित स्ट्रैंथ ट्रेनिंग व्यायामों से ऑस्टियोपोरोसिस व पीठ में दर्द जैसी दशाओं से बचा जा सकता है या उन्हें घटाया जा सकता है।

हो सकता है कि आप विविध कारणों से जिम न जा सकते हों–दूरी, सुविधा, समय, तेज संगीत, भीड़ आदि, पर इससे आपके फिटनेस लक्ष्य पर अंतर नहीं पड़ना चाहिए। हकीकत तो यह है कि आप जिम में कदम रखें बिना भी ग्रेट शेप पा सकते हैं।

तो समय न खोते हुए कई किलो घटाने को तैयार रहें।

मैंने एक ऐसा व्यायाम रूटीन बनाया है जो आसान व मज़ेदार है। 13 व्यायाम आपके सभी मांसपेशी समूह के लिए काम करते हैं। इन्हें नियमित रूप से अपनाएं ताकि शरीर का कोई भी हिस्सा उपेक्षित न रहे।

स्ट्रैंथ ट्रेनिंग वर्कआउट

5 मिनट की हल्की चहलकदमी व वार्मअप से आरंभ करें।

फ्रीक्वेंसी : सप्ताह में 3 दिन या 1 दिन छोड़कर ।

1. वर्कआउट का शेड्यूल बनाएं : घर के इस वर्कआउट शे्यूल को नियमित बनाएं। इसे डेली प्लानर में लिखें वरना आप इससे बचने के बहाने

तलाशते रहेंगे।

2. घर से लें मदद : घर के लोगों से कह दें कि आप व्यस्त हैं। उस समय घर के कामों में मदद नहीं देकर पाएंगे। अच्छा दिखने व महसूस करने के लिए; यह आपका अपना समय है।

3. मनपसंद संगीत बजाएं : संगीत से वर्कआउट आसान लगता है व समय बीतने का पता ही नहीं चलता।

घर में इस्तेमाल होने वाले प्रॉप:

- डंबल्स या पानी की 2 बोतलें (500 मिली. प्रत्येक)
- एक मैट या कालीन
- एक सीढ़ी या कुर्सी

स्ट्रैंथ वर्कआउट एक्सरसाइज

1. पुश-अप 16 बार दोहराएं

यह शरीर के ऊपरी हिस्से को शेप देगा।

लाभ : छाती, कंधों व बाजुओं की मजबूती।

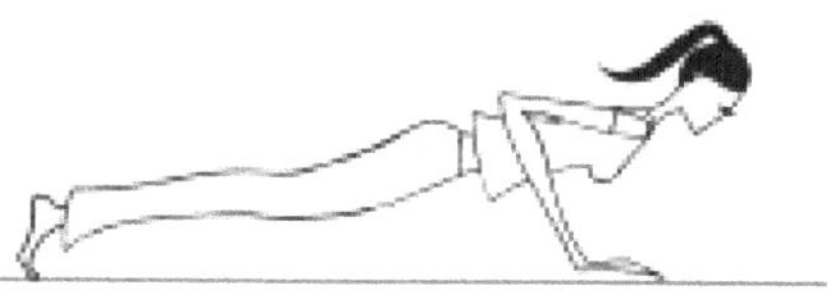

हाथों को फर्श पर, कंधों के नीचे टिकाएं (उन्हें कंधों की चौड़ाई जितना सुला रखें)। पीठ सीधी रहे। छाती को फर्श के पास लाते हुए कोहनियां मोड़ें और फिर पहले वाली मुद्रा में आएं।

2. बैंट ओवर लेट्रल 16 बार दोहराएं।

इस व्यायाम से अधिक लाभ पाना चाहें तो पीठ की मांसपेशियों पर केंद्रित हों। इससे पोस्चर सुधारने में मदद मिलेगी।

लाभ : पीठ की मांसपेशियों को मजबूती, पोस्चर में सुधारलंबे खड़े हो कर, दोनों हाथों में भार पकड़ें। नितंबों से थोड़ा आगे झुकते हुए पीठ सीधी रखें। कोहनियां मोड़ते हुए, बाजू को थोड़ा तिरछा उपर उठाएं, भार को कंधों तक लाएं। धीरे से हाथ नीचे करें।

3. बाइसैप कर्ल 16 बार दोहराएं।

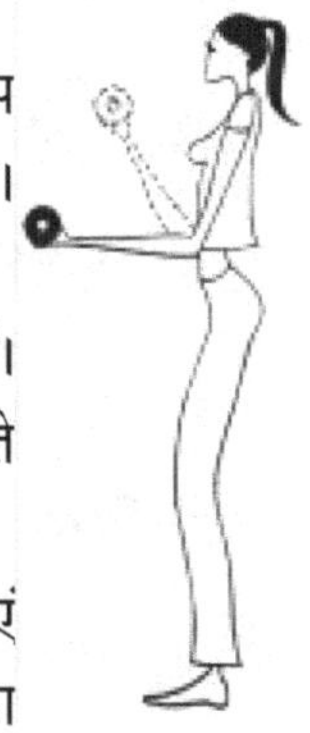

यह व्यायाम बाइसैप के डेफीनेशन व स्ट्रैंथ देता है। बाइसैप पर ध्यान देते हुए आप स्वयं मसल डेफीनेशन देख सकती है।

लाभ : बाजू के आगे वाले हिस्से की शेप व टोनिंग

दोनों हाथों में भार पकड़ें, हथेलियां बाहर की ओर हों। कोहनियों को कंधों की तरफ मोड़ें, बाजू ऊपर व नीचे लाते समय बाइसैप में ध्यान लाएं।

4. ट्राइसैप डिप्स 16 बार दोहराएं

यह बाजू के ऊपरी हिस्से का व्यायाम, बाजू के पिछले हिस्से के लिए काम करता है। इन मांसपेशियों को मजबूती चाहिए क्योंकि ये आगे वाले हिस्से की तरह मजबूत नहीं होते।

लाभ : ट्राइसैप की टोनिंग

किसी कुर्सी के कोने या सीढ़ी पर बैठें व उसके किनारे को हाथों से थामें। हिप्स को फर्श की ओर ले जाते हुए, कोहनियां भी मोड़ें। अपने ट्राइसैप की मदद से पहले वाली मुद्रा में आ जाएं।

5. शोल्डर प्रेस 16 बार दोहराएं

टोंड शोल्डर से शरीर सुडौल दिखता है, कमर पतली लगती है व शरीर स्ट्रीमलाइंड दिखता है।

लाभ : कंधों की मजबूती।

सीधे खड़े हों। दोनों हाथों में भार लें, हथेलियां बाहर की ओर हों व कोहनियां, कंधों के स्तर से नीचे मुड़ी हों। बाजू धीरे-धीरे सिर के ऊपर ले जाएं। फिर बाजुओं के कंधों को स्तर पर ले आएं।

6. काफ रेज़ 16 बार दोहराएं

यह आपकी पिंडलियों की टोनिंग का सबसे तेज व प्रभावी उपाय है। एक ही माह में फर्क दिखेगा।

लाभ : पिंडली की मांसपेशियों की मजबूती व शेप

सीधे खड़े हों, कंधे पीछे की तरफ व छाती उठी हो। पंजों के बल खड़े होकर, शरीर का संतुलन साधें, जितना हो सके, एड़ियां ऊंची उठाएं। धीरे-धीरे एड़ियां नीची करें।

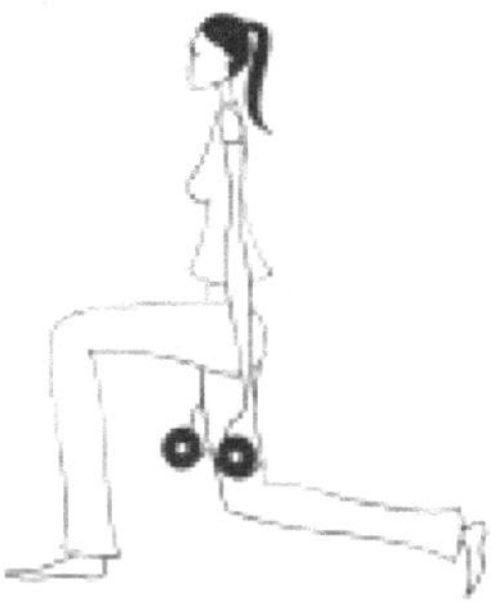

7. पावर लंजिस16 बार दोहराएं

यह जांघों व नितंबों को शेप देने के लिए अच्छा व्यायाम है।

लाभ : हिप्स व थाईज़ की मजबूती व टोनिंग–

दोनों हाथों में भार लें व पैर कंधों की चौड़ाई जितने खोलें। एक पैर को उकड़ू मुद्रा में आगे लाएं। दोनों घुटने 90 के कोण पर मुड़े हों। फिर पहले वाली मुद्रा में लौट आएं व दूसरी टांग से दोहराएं।

8. बट ब्रिज 16 बार दोहराएं

यह व्यायाम नितंबों की मांसपेशियों को मजबूत व उन्हें सुडौल बनाता है।

लाभ : जांघों के पिछले हिस्से व नितंबों की टोनिंग व मजबूती।

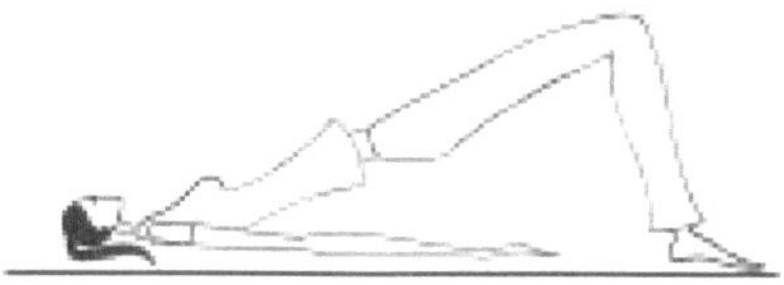

चटाई पर लेटें, पैर कंधों की चौड़ाई जितने खुले हो। नितंबों को हल्का सिकोड़ते हुए, फर्श से थोड़ा ऊपर उठाएं। फिर धीरे से नीचे ले आएं।

9. एबडॉमीनल क्रंच : 16 बार दोहराएं

यह एक बुनियादी व्यायाम है जो पेट के निचले हिस्से के लिए प्रभावी है। कंधों को जमीन से उठाते समय, गर्दन वाले हिस्से पर दबाव न दें।

लाभ : उदर की मांसपेशियों की टोनिंग व खिंचाव।

पीठ के बल लेटें, हाथ सिर के पीछे टिके हों। घुटने मोड़ें व पैर कंधों की चौड़ाई जितने खुले हों। धीरे-धीरे कंधे उठाएं व पेट के निचले हिस्से की मांसपेशियां सिकोड़े। धीरे से कंधे नीचे ले आएं। ऊपर उठाते समय सांस छोड़ें व नीचे लाते समय सांस लें।

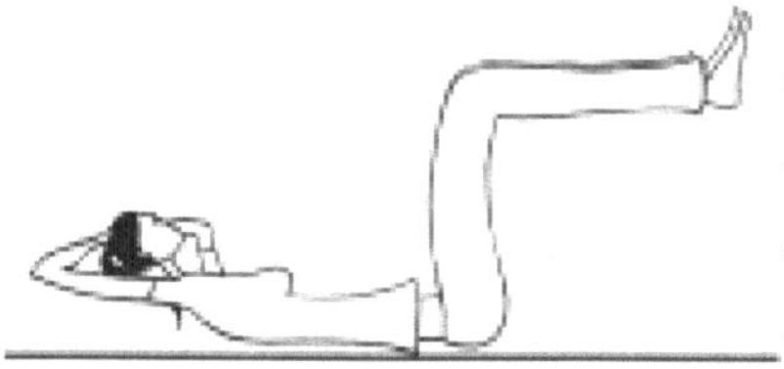

ट्रेनिंग टिप : ऊपर आते समय सहारे के लिए केवल हाथों का प्रयोग करें, चितुक को छाती की तरफ न झुकाएं। आप टांगें उठाकर, घुटनों को 90^0 के कोण पर मोड़ते हुए, चुनौती को बढ़ा भी सकते हैं।

10. रिवर्स कर्ल : 16 बार दोहराएं

यह बेसिक क्रंच में एक अच्छा मेल है। इससे गर्दन या कंधाों पर कोई दबाव नहीं पड़ता क्योंकि वे चटाई पर टिके रहते हैं। यह व्यायाम उदर की मांसपेशियों के लिए हैं पर यहां आप गति को एब्स के निचले हिस्से से आरंभ करते हैं।

लाभ : एब्स की टोनिंग व शेप।

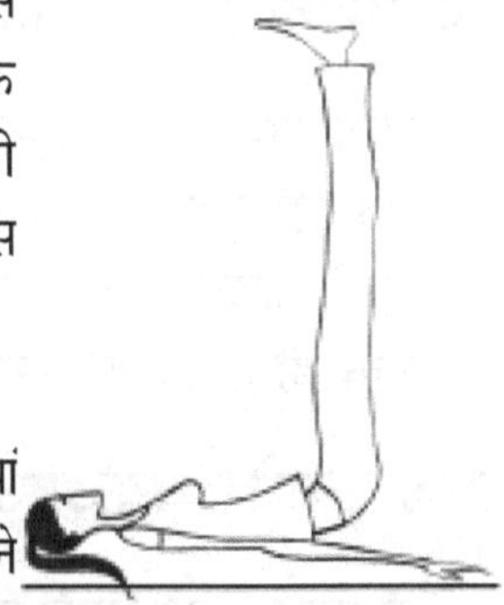

दोनों हाथ शरीर के आसपास रखते हुए हथेलियां नीचे की ओर रखें। टांगें फर्श से ऊंची उठाएं, घुटने हल्के से मुड़े हों। अपने पेल्विस को झुकाते हुए टांगों को अपनी ओर लाएं। फिर से पहले वाली मुद्रा में आ जाएं।

11. ओब्लीक क्रंच 16 बार दोहराएं

कंधों को जितना संभव हो सके, घुटनों के पास लाएं। जितना पास लाएंगे, घुटनों के लिए उतना ही अच्छा होगा।

लाभ : कमर की मांसपेशियों के लिए काम करता है।

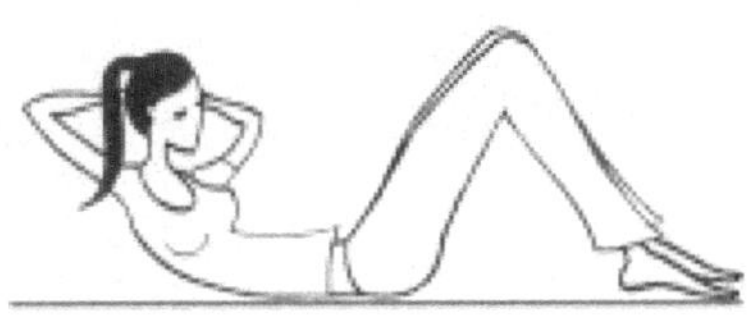

पीठ के बल लेटें, घुटने मुड़े हों व पैर कंधों की चौड़ाई जितने खुले हों। दोनों हाथों से सिर को सहारा देते हुए कंधे उठाएं व बाएं कंधे को दाएं कंधे की ओर लाएं। फिर दाएं कंधे को बाएं कंधे की ओर लाएं। इसी तरह यह व्यायाम करें।

12. बैक एक्सटेंशन 16 बार दोहराएं

यह व्यायाम पीठ को मजबूती देगा, पोस्चर में सुधार लाएगा व शरीर को एक सीध में रखेगा। इस व्यायाम के दौरान आंखें चटाई पर केंद्रित हों।

लाभ : पीठ की मांसपेशियों को मजबूती।

पेट के बल लेटें। कोहनियां मोड़ें व बाजू के अगले हिस्से चटाई पर हों। कंधों व छाती को, धीरे से फर्श से उठाएं और फिर नीचे करें।

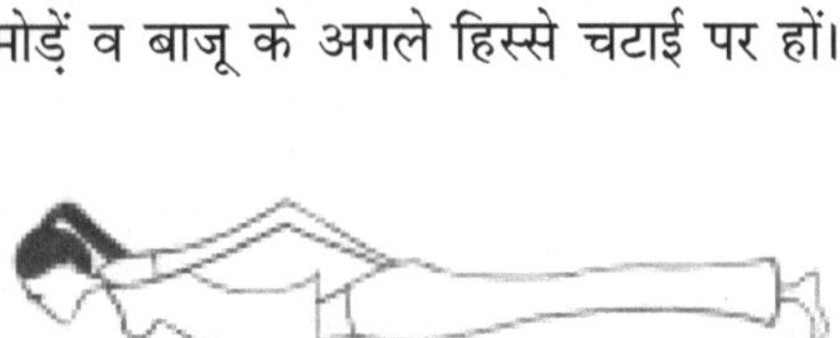

ट्रेनिंग टिप : उठाते समय गर्दन, सिर व रीढ़ की हड्डी एक सीध में रखें। गर्दन को पीछे की तरफ मोड़कर, झुकाते हुए, उसकी मांसपेशियों पर दबाव न दें।

30 मिनट इनडोर कार्डिओ वर्कआउट

मार्च वॉक - 10 मिनट
एक ही जगह पर जॉग - 5 मिनट
घुटने मोड़ना - 5 मिनट
एक ही जगह तेजी से टहलना - 10 मिनट

7 डे इनडोर वर्कआउट प्लान

सोमवार : 30 मिनट कार्डिओ वर्कआउट + होम स्ट्रैंथ वर्कआउट
मंगलवार : 30 मिनट कार्डिओ वर्कआउट
बुधवार : 30 मिनट कार्डिओ वर्कआउट + होम स्ट्रैंथ वर्कआउट
वीरवार : 30 मिनट कार्डिओ वर्कआउट
शुक्रवार : 30 मिनट कार्डिओ वर्कआउट + होम स्ट्रैंथ वर्कआउट
शनिवार : 30 मिनट कार्डिओ वर्कआउट
रविवार : स्ट्रैच व रिलैक्स

19

पानी के माध्यम से सेहत

जब इस आधुनिक जगत में तनाव दूर करने वाले किसी साधन की बात आती है तो स्पा सबसे ताजे स्वास्थ्य व वैलनेस ट्रीटमेंट देता है। वैसे आपको बता दें कि यह स्पा हजारों सालों से हमारे यहां प्रचलित था! 'स्पा' शब्द वाटर से आया है। 'स्पा' एक लैटिन शब्द है, जिसका अर्थ है फव्वारा। सैनस पर अक्वैम (Sanus per Aquam-SPA)।

पानी-पानी के माध्यम से सेहत! रोमन बाथ से लेकर स्विटज़रलैंड के मिनिरल चश्मे, तुर्किश हमाम से लेकर जापान के कम्यूनल हॉट स्प्रिंग बाथ, हाइड्रोथैरेपी एक ऐसी वैलनेस धारणा है, जिसका उपयोग हमारे पूर्वज सदियों से करते आए हैं।

वर्तमान में, स्पा किसी संपूर्ण आरोग्य केंद्र से कम नहीं होते। यह विश्राम व रूपांतरण का स्थान है, यहां आकर आप रोज़मर्रा की मांगों व तनावों से परे हो जाते हैं। स्पा में जाकर, आप सिर से पैर तक कायाकल्प करवाते हैं व स्वयं को शांत व स्वाभाविक वातावरण में लीन कर देते हैं।

भारत में स्पा संस्कृति काफी फली-फूली है। दुख व दर्द के लिए मसाज थेरेपी उपलब्ध है। वजन घटाना है तो स्पा 'डाइट'वजन घटाने में सहायक होगा। यहां तक कि विशेष थैरेपी–त्वचा की समस्याएं दूर करना, आर्थराइटिस दूर भगाना या पूरी तरह से शरीर को निरोगी बनाना आदि भी स्पा पैकेज का हिस्सा हो सकते हैं।

यदि आप गर्दन, कंधे, सिर या पीठ में लंबे समय से होने वाले दर्द से परेशान हैं तो हो सकता है कि यह तनावग्रस्त या संकुचित मांसपेशियों के

कारण हो। मसाज थैरेपी में इन्हीं मांसपेशियों को तनावमुक्त किया जाता है। क्या आप जानते थे कि मालिश सौ अलग तरीकों से संभव है?

परिभाषा जानना चाहें तो मालिश में शरीर के नरम उत्तकों पर हाथ से दिया जाता है ताकि अच्छी सेहत व आरोग्य पाया जा सके। इस थैरेपी में, शरीर के रक्त प्रवाह में वृद्धि व आरोग्य के लिए कई तरह की तकनीकें अपनाई जाती हैं।

इस थैरेपी की खूबी है कि यह न केवल त्वचा (शरीर का सबसे बड़ा अंग) बल्कि पूरे तंत्र का कायाकल्प करती है। आप स्वयं को रिलेक्स व रीचार्ज कराने के लिए सप्ताह में एक बार या पंद्रह दिन में मॉलिश करवा सकते हैं।

मैं आपकी मदद के लिए मालिश के कुछ लोकप्रिय प्रकारों का वर्णन कर रही हूं–

डीप टिश्यू मसाज :

मांसपेशियों के फाइबर का यह धीमा व केंद्रित मसाज दीर्घकालीन मसल टेंशन दूर करता है। व मांसपेशियों में आई कैल्सीफाइड खरोंचों या जमावों को तोड़ता है।

स्पोर्ट मसाज :

यह स्वीडिश मसाज का विशेष रूप है, जिसे खिलाड़ियों के लिए विकसित किया गया है पर उनके लिए भी उपयोगी है जो दीर्घकालीन पीड़ा, अकड़न या चोट के शिकार हैं। यह मालिश समस्याग्रस्त क्षेत्र पर ही होती है। यह स्पोर्टिंग इवेंट से पहले व बाद में उपयोगी होती है, उसमें उन्हीं अंगों पर विशेष ध्यान दिया जाता है जो किसी गतिविधि विशेष में प्रयुक्त हुए हों।

लिम्फेटिक मसाज :

मुलायम, लययुक्त व बार-बार दोहराए जाने वाले स्ट्रोक लिम्फेटिक द्रव्य के प्रवाह में वृद्धि करते हैं जोकि शरीर का फिल्टरेशन व संक्रमण नियंत्रण तंत्र है। यह उनके लिए विशेष लाभदायक है जो एडीमा से पीड़ित हैं। एडीमा अर्थात अतिरिक्त द्रव्य व सूजन।

स्वीडिश मसाज :

इस तरह की मालिश मे लंबे स्ट्रोक के साथ, दिल की दिशा में मांस को गूंधा जाता है। यह तेल को लुब्रीकेंट के तौर पर इस्तेमाल करते हैं। प्रवाह में वृद्धि व स्नायुतंत्र की रिलेक्सिंग पर विशेष बल होता है।

पानी के भीतर होने वाली मालिश :

जल चिकित्सा से अनेक प्रकार के रोगों को ठीक कर सकते हैं।

'हाइड्रोथैरेपी वाथ' भी ऐसा ही एक रूप है, जिसमें अनेक वाटर जेट्स का प्रयोग होता है। इनसे प्रेशर के साथ निकलने वाला पानी रक्त के प्रवाह को बढ़ाता है, शरीर को रिलेक्स करता है, शरीर से विषैले तत्व निकालता है, सेल्यूलाइट भी घटाता है।

शियात्सू :

इस जापानी शब्द का अर्थ है 'अंगुली से दबाव'। इस दबाव का प्रयोग ही इसका प्रमुख नियम है। इसकी चिकित्सा, पहल व दर्शन तो एक्यूपंचर की तरह ही है जिसमें एनर्जी चैनल व प्रेशर बिंदुओं का प्रयोग होता है पर सुइयों की बजाय अंगुलियों से दबाव देते हैं। इसके अलावा संबंधित स्ट्रैच भी दिए जाते हैं ताकि शरीर की अकड़न निकल सके।

थाई मसाज :

यह तरल किस्म का मसाज 2500 वर्ष पूर्व, आरोग्य अभ्यास के रूप में बौद्ध मठों में पनपा। इस मॉलिश में प्रेशर बिंदुओं द्वारा मांसपेशियों व लिगामेंटों में सक्रिय रूप से खिंचाव पैदा किया जाता है। इससे रीढ़ की हड्डी लंबी होती है व पूरे शरीर में खिंचाव से तनाव दूर होता है।

आयुर्वेदिक मसाज :

यह मॉलिश 5000 वर्ष पूर्व विकसित हुई जोकि शारीरिक व मानसिक रूप से लाभ पहुंचाती है। इस मालिश का उद्देश्य यही है कि शरीर के अंग स्वयं अपना कायाकल्प व रख-रखाव कर सकें। साधक ऊर्जा केंद्रों व मांसपेशियों पर कार्य करते हैं। इस प्रक्रिया में उपचार की दृष्टि से पूरे शरीर पर हल्का गुनगुना तेल मला जाता है।

धारा, नास्यम, पिज़ीचिल, नवाराकीज़ी, लेपम, उद्वरदानम, शरीर का स्क्रब व बॉडी रैप आदि चिकित्सा की सलाह, आयुर्वेदिक चिकित्सक द्वारा दी जा सकती है।

रिलैक्सोलॉजी :

यह पद्धति शरीर के रिलेक्स नेटवर्क पर काम करते हुए, पैरों के तलवों पर स्थिति प्रेशर सेंसरों को खोजती है। पैर का हर प्रेशर बिंदु शरीर के किसी-न-किसी अंग से जुड़ा होता है। भीतरी अंगों के लिए भी 'जोन' निश्चित होते हैं।

हाथ, अंगुली या हाथ की तकनीकों से पैरों के तलवों पर दबाव दिया जाता है, अधिक दबाव देने से चोट आ सकती है। जोड़ों पर हल्का दबाव देने से

पैरों को भी आराम आता है। पारंपरिक रिलैक्सोलॉजी में तेल, क्रीम या लोशन का प्रयोग नहीं होता।

यदि इस प्रक्रिया के दौरान अधिक दर्द महसूस हो तो अपने रिलैक्सोलॉजिस्ट को पहले ही कह दें। हर सत्र 30 मिनट से 1 घंटे तक का हो सकता है।

तथ्य परक बातें

पारंपरिक चीनी चिकित्सा ने पश्चिम में काफी लोकप्रियता पाई है। चीनी चिकित्सा में हजारों वर्षों से, शरीर के उर्जा केंद्रों को उत्तेजित करने के लिए 'ट्रिगर बिंदुओं' का प्रयोग होता है। उनके अनुसार ये बिंदु शरीर के भीतरी अंगों से जुड़े हैं तथा इन पर काम करने से संबंधित अंग को प्रत्यक्ष लाभ पहुंचाया जा सकता है।

20

पसीना लाने वाले स्नान

इन दोनों को आप स्वेट बाथ (पसीना लाने वाले स्नान) भी कह सकते हैं क्योंकि दोनों के कारण ही स्वेट ग्रंथियों से काफी पसीना आता है। सदियों पुरानी परंपरा से सोना व स्टीम बाथ न केवल शरीर को आराम देते आ रहे हैं बल्कि विजातीय तत्वों को निकालकर रक्त संचार को भी सुचारु बनाते हैं।

क्या ये 'वसा' को पिघलाते हैं?

नहीं, हेल्थ व्यावसायियों ने सोना व स्टीम बाथ के कारण घटने वाले वजन जैसे विषय पर काफी शोध के बाद निष्कर्ष निकाला है कि सोना सैशन के बाद आपका वजन घटा दिखेगा क्योंकि इस स्नान के दौरान, पसीने के रूप में शरीर से जल की काफी मात्रा बाहर निकल जाती है।

हालांकि ये हानि अस्थायी होती हैं, कुछ भी खाते-पीते ही, शरीर में तरल पदार्थों की मात्रा पहले जैसी हो जाती है और वजन भी पहले जितना ही हो जाता है।

स्टीम व सोना में क्या अंतर है?

सोना को ड्राई हॉट-एयर बाथ कहते हैं। इस सिस्टम में, हवा को एक क्यूबिकल में कुछ समय तक गर्म करते हैं ताकि सोना लेने वाले के शरीर से पसीना छूटने लगें। जिन्हें सांस की कोई दिक्कत हो, उनके लिए यह तकलीफदेह हो सकता है।

स्टीम बाथ में हीट नम होती है। यहां स्टीम जेनरेटर की मदद से लगातार स्टीम पैदा की जाती है। सोना में काफी कम ह्यूमिडिटी होती है। जबकि स्टीम में इसकी मात्रा अधिक होती है। यहां ताप में भी काफी अंतर होता है। स्टीम बाथ में तापमान 40^0 सेंटीग्रेड तक होता है जबकि सोना की ड्राई हीट में यह तापमान 60^0 सेंटीग्रेड तक जा सकता है।

21
फालतू चर्बी हटाने वाले उपकरण

वाइब्रेशन मशीन, सोना बेल्ट, मसाजर आदि उपकरण वादा करते हैं कि शरीर से फालतू चर्बी व वजन घटा देंगे पर इसके लिए आपको अपनी ओर से कोई कोशिश नहीं करनी होगी। पर ये कितने असरदार हैं? इन यंत्रों पर फाइन प्रिंट क्या होता है?

क्या मसाज चेयर और वाइब्रेशन बेल्ट वास्तव में वजन घटाने के गारंटी दे सकते हैं?

जवाब है 'नहीं',। इन उपकरणों की तुलना में डाइट बुक अधिक क्यों बिकती हैं, आप इसी से अनुमान लगा लें। डाइट व व्यायाम ही वजन घटाने का एकमात्र प्रमाणिक तरीका है। परिणाम पाने के लिए अपनी ओर से प्रयास करने होंगे। माफ करें, यही सच है, इसे जितनी जल्दी स्वीकार लें, उतना ही अच्छा होगा।

मशीने कहां तक व्यायाम का विकल्प हो सकती हैं?

सोना बेल्ट, वाइब्रेशन मशीन और वार्क्स रक्त संचार को उत्तेजित करके पसीना ला सकते हैं। पसीना आने पर आपके शरीर से पानी की मात्रा घटती है, जिससे वजन घटाव का गुमान हो सकता है, पर ये मशीनें कभी भी व्यायाम का विकल्प नहीं हो सकतीं। कार्डियो वर्कआउट , स्ट्रैचिंग व्यायाम या योग ही वसा घटाकर, आपको सही शेप में रख सकते हैं।

बाजार में इन उत्पादों का इतना विज्ञापन क्यों? क्या यह सच नहीं है?

दो वीक में 10 पांड घटाएं । टी.वी. शो कहता है। '1 माह में छरहरी फिगर पाएं।' वाकई यह सब काफी लुभावना है। हम लोग अक्सर इन विज्ञापनों के जाल में फंस जाते हैं। पर जब वे उम्मीद पर खरे नहीं उतरते तो हम मायूस हो जाते हैं।

क्या इनके कोई साइड इफेक्ट होते हैं?

यदि मशीन शरीर को अधिक ताप दे दे तो त्वचा जल सकती है। मसाज की गलत तकनीक से जोड़ों को नुकसान हो सकता है। किसी भी मसाज मशीन के इस्तेमाल से पहले इन बातों को ध्यान में रखें।

परिशिष्ट 'अ'
बॉडी मास इंडेक्स (बीएमआई)

यह अध्याय आपका बीएमआई जानने के लिए लिखा गया है ताकि आप अपने बीएमआई के अनुसार, तीनों में से कोई भी प्लान चुन सकें।

बीएमआई क्या है?

यह है–बॉडी मास इंडेक्स। आपके वजन को किलोग्राम में तथा कद को मीटर स्क्वेयर में भाग देने से बीएमआई का पता लगा सकते हैं। इन नतीजों से बीएमआई का स्तर पता चल जाएगा। यह वैज्ञानिक गणना तय करती है कि आपका वजन ज्यादा है, कम है या स्वस्थ है।

वजन घटाने के तीन चरण :

1. अपना वजन व कद मापें।
2. चार्ट से बीएमआई का पता लगाएं।
3. बीएमआई के अनुसार डाइट प्लान चुनें।

1. अपना कद व वजन मापें : सुबह कुछ भी खाने-पीने से पहले अपना वजन मापना चाहिए। साथ ही अपना कद भी माप लें।

2. चार्ट से बीएमआई की जांच : इस चार्ट में आपके लिए बीएमआई की गणना की गई है।

3. बीएमआई के अनुसार डाइट प्लान का चयन :

गणना के अनुसार अपने लिए उचित डाइट प्लान चुनें।

	प्लान मिनिमम	**प्लान मिनिमम**	**प्लान मैक्सिमम**
बीएमआई	19–22 अधिक	23–24	23 व उससे

वजन पौंड	100	105	110	115	120	125	130	135	140	145	150	155	160	165	170	175	180	185	190	195	200	205	210	215
किग्रा	45.5	47.5	50.0	52.3	54.5	56.8	59.1	61.4	63.6	65.9	68.2	70.5	72.7	75.0	77.3	79.5	81.8	84.1	86.4	88.6	90.9	93.2	95.5	97.7
ऊंचाई सेमी. में																								
5'0"–152.4	19	20	21	22	23	24	25	26	27	28	29	30	31	32	33	34	35	36	37	38	39	40	41	42
5'1"–154.9	18	19	20	21	22	23	24	25	26	27	28	29	30	31	32	33	34	35	36	36	37	38	39	40
5'2"–157.4	18	19	20	21	22	22	23	24	25	26	27	28	29	30	31	32	33	33	34	35	36	37	38	39
5'3"–160.0	17	18	19	20	21	22	23	24	24	25	26	27	28	29	30	31	32	32	33	34	35	36	37	38
5'4"–162.5	17	18	18	19	20	21	22	23	24	24	25	26	27	28	29	30	31	31	32	33	34	35	36	37
5'5"–165.1	16	17	18	19	20	20	21	22	23	24	25	25	26	27	28	29	30	30	31	32	33	34	35	35
5'6"–167.6	16	17	17	18	19	20	21	21	22	23	24	25	25	26	27	28	29	29	30	31	32	33	34	34
5'7"–170.1	15	16	17	18	18	19	20	21	22	22	23	24	25	25	26	27	28	29	29	30	31	32	33	33
5'8"–172.7	15	16	16	17	18	19	20	20	21	22	22	23	24	25	25	26	27	28	28	29	30	31	32	32
5'9"–175.2	14	15	16	17	17	18	19	20	20	21	22	22	23	24	25	25	26	27	28	28	29	30	31	31
5'10"–177.8	14	15	15	16	17	18	18	19	20	20	21	22	23	23	24	25	25	26	27	28	28	29	30	30
5'11"–180.3	14	14	15	16	16	17	18	18	19	20	21	21	22	23	23	24	25	25	26	27	28	28	29	30
6'0"–182.8	13	14	14	15	16	17	17	18	19	19	20	21	21	22	23	23	24	25	25	26	27	27	28	29
6'1"–185.4	13	13	14	15	15	16	17	17	18	19	19	20	21	21	22	23	23	24	25	25	26	27	27	28
6'2"–187.9	12	13	14	14	15	16	16	17	18	18	19	19	20	21	21	22	23	23	24	25	25	26	27	27
6'3"–190.5	12	13	13	14	15	15	16	16	17	18	18	19	20	20	21	21	22	23	23	24	25	25	26	26
6'4"–193.0	12	12	13	14	14	15	15	16	17	17	18	18	19	20	20	21	22	22	23	23	24	25	25	26

इस चार्ट से आपको सहायता मिलेगी–

बीएमआई 19-22 प्लान मिनिमम

19-22 बीएमआई वाली महिलाएं आदर्श वजन की श्रेणी में आती हैं। 22 बीएमआई तक वाले पुरुषों को भी अपना वजन घटाने की कोई आवश्यकता नहीं है।

अगर आप भी इसी श्रेणी में हैं तो नियमित व्यायाम से वजन को बनाए रखें। यदि हाल ही में बढ़े, थोड़े वजन को घटाना चाहें तो फोर-वीक कांउटडाउन डाइट के अनुसार चलें।

इस श्रेणी में यह काउंटडाउन आपको अधिक नियमित व पौष्टिक खान-पान दिनचर्या के लिए प्रेरित करेगा - आप स्वयं को अधिक फिट मजबूत व सशक्त पाएंगे।

वी एम आई 23-34 प्लान मीडियम

महिलाओं के लिए सुझाई गई बीएमआई श्रेणी 20-23 के बीच है। जिन महिलाओं का बीएमआई 24 हो, उन्हें इसे घटाने का प्रयास करना चाहिए क्योंकि उनके शरीर में वसा का प्रतिशत अधिक हो सकता है।

पुरुषों के लिए यह श्रेणी 23-24 है।

इस श्रेणी में आने वालों को वजन पर जांच रखनी चाहिए। यदि वे एक-दो किलो वजन बढ़ाने के साथ-साथ छरहरे दिखना चाहें तो उन्हें मेरी फोर-वीक काउंटडाउन का पालन करना चाहिए।

यह आपको नियमित व पौष्टिक खान-पान ढांचे की ओर ले जाएगा, जिससे आप फिट, ऊर्जावान व सशक्त हो पाएंगे।

इसे एक बार पूरा कर लें तो मेरे मेन्टेनेन्स प्लान के अनुसार चलें जो कि 'वे फारवर्ड' अध्याय में दिया गया है।

बीएमआई 25 या उससे अधिक प्लान मैक्सिमम

सही तरीके से वजन घटाने के लिए फीट वीक काउंटडाउन सबसे सटीक व बेहतर उपाय है। इस तरह आप नियोजित रूप से कई किलो वजन घटा सकते हैं।

पहले 4 सप्ताह में अच्छे परिणाम देखने के बाद आप आगे के लिए भी प्रेरित होंगे व जल्दी ही अपने लिए परफेक्ट वेट पा लेंगे।

बीएमआई आंकड़ों की समझ

19–24 के बीच बीएमआई :

कई मेडीकल से साफ है कि पुरुष व महिलाओं के लिए सुझाई गई रेंज 19 से 24 हैं पर काफी अध्ययन व फीडबैक में मैंने पाया कि यह सब कुछ जेनेटिक अंतरों व स्थान आदि के कारण अलग हो सकता है। मोटापे के प्रति चिंता प्रकट करते हुए भारत सरकार ने औपचारिक रूप से भारतीयों के लिए बीएमआई के वैश्विक स्तर को 25 से 24 कर दिया है।

काफी उलझाव भरी जानकारी के बीच मैं एक 'परफेक्ट फिट वेट' दे रही हूं, जिसे मैंने कई कारकों को ध्यान में रखकर तैयार किया है। यह बताता है कि व्यक्तिगत रूप से एक व्यक्ति का वजन कितना होना चाहिए।

पुरुषों के लिए परफेक्ट फिट वेट 23–24 बीएमआई रेंज में है।

महिलाओं के लिए परफेक्ट फिट वेट 20–23 बीएमआई रेंज में है।

पुरुष व महिलाओं की एकसमान लंबाई के बावजूद उनके लिए अलग–अलग वजन होता है क्योंकि पुरुषों में, महिलाओं की तुलना में जेनेटिकली मसल मास अधिक होता है।

19 से कम बीएमआई : 19 से कमबीएम आई अल्पपोषित श्रेणी में आता है। फोर–वीक काउंटडाउन तो वजन घटाने व बनाए रखने के लिए है। यह 19 से कम बीएमआई वालों के लिए नहीं है।

25 से अधिक बीएमआई :

यह अधिक वजन की श्रेणी में आता है। आपको स्वस्थ श्रेणी में आने के लिए अपना वजन घटाना होगा। बीएमआई चार्ट पर 30 का आंकड़ा बताता है कि आप मोटापे से ग्रस्त है।

नोट : बीएमआई गणना सभी पर लागू होती है पर बॉडी बिल्डर्स के लिए ठीक नहीं है क्योंकि उनके शरीर के भार में मसल भार अधिक होता है।

यह चार्ट व बीएमआई आंकड़े व्यस्कों के लिए हैं (18 वर्ष की आयु से अधिक)

सप्ताह में एक दिन, सुबह कुछ खाए बिना, अपना वजन जांचें।

परिशिष्ट 'ब'
आपका डेली फूड गाइड चार्ट

आपका फोर-वीक काउंटडाउन 3 खास खाद्य समूहों से संतुलित पोषण प्रदान करता है।

1. **सीरीयल**
2. **फल व सब्जियां एवं**
3. **प्रोटीन से भरपूर खाद्य पदार्थ।**

वसा व चीनी

तेल, मक्खन, घी, शहद, सिरप, गुड़।

प्रोटीन से भरपूर खाद्य पदार्थ

दूध, दही, लो-पफैट पफीटा, बटरमिल्क, लो-फैट कॉटेज चीज़, दाल, दालें लैग्यूम नट सीड्स चिकन व फिश सी-फूड।

फल एवं सब्जियां

पपीता, तरबूज, संतरा, मौसमी, ब्रोकली, हरी पत्तेदार सब्जियां, पत्तागोभी, प्याज, शलजम, गाजर, मूली, कद्दू।

सीरीयल

डबल रोटी, रोटी, नाश्ते, अनाज, बिस्कुट, रोटी, पूर्ण-गेहूं-पित्ता पोहा, जई का दलिया, बाजरा, ज्वार, नचनी खागो दलिया व कुरमुरा।

इस फूड गाइड को पढ़ने के लिए समय लगाना आवश्यक है क्योंकि यह आपकी समस्त काउंटडाउन योजना का आधार है। यदि आप समझ गए कि आपको इस गाइड का अनुसरण क्यों करना है तथा यदि आप अपने लिए चुनाव करना भी सीख गए तो इस काउंटडाउन का अनुसरण करना काफी आसान हो जाएगा।

यह किसी भी मापदंड के अनुसार जीव विज्ञान का पाठ नहीं है। यह तो केवल आधारभूत परिचय है जो आपको सही भोज्य पदार्थों के चुनाव में आपका मार्गदर्शन करता है। यहां आपके पास व्यावहारिक टिप्स तथा रिमाइंडर भी है जो 4 हफ्तों तक आपकी सहायता करते हैं। यह आपकी दिनचर्या को तनावमुक्त भी रखता है। इन टिप्स के कारण आपको हैरत भी होगी कि क्या यह डाइटिंग के किसी कार्यक्रम का हिस्सा भी है कि नहीं।

1. सीरीयल

चावल, गेहूं, बाजरा, ज्वार, रागी तथा जई जैसे अनाज इस श्रेणी में आते हैं। पोहा, सूजी, जई का दलिया तथा कुरमुरा भी इस श्रेणी में ही गिने जाते हैं। अनाज आपको ताकत देने के लिए कार्बोहाइड्रेट प्रदान करते हैं। इनमें प्रोटीन और विटामिन भी होते हैं जो सभी एक संतुलित डाइट के लिए आवश्यक है।

संपूर्ण-अनाज(होल-ग्रेन) डाइट का चुनाव करने की कोशिश करें और मैदे से बनी चीजों का परहेज करें। इसका कारण यह है कि संपूर्ण-अनाज में सभी पोषक तत्व होते हैं तथा यह फाइबर को भी सुरक्षित कर लेता है। पावरहाउस व्होलग्रेन विकल्प है– लाल चावल, बाजरा, रागी, दलिया तथा जई।

तथ्य परक बातें

कई पीढ़ियों से भारत में रहने वाले लोगों ने हल्के अनाज की किस्मों का उपभोग किया है जिनमें गर्मियों के मौसम में खाए जाने वाले ज्वार तथा चावल भी शामिल हैं। अनाज के देर से पचने वाले व्यंजन जैसे मक्के की रोटी (पंजाब में) तथा बाजरा भाकरी (महाराष्ट्र) में सर्दियों के मौसम में ही खाए जाते हैं।

आप अपना भोजन सब्जी के तौर पर भी खा सकते हैं–आप इसे अंकुरित कर दीजिए। गेंहू, बाजरा तथा रागी बहुत अच्छे तरीके से अंकुरित होते हैं तथा आपको बहुत बढ़िया पोषण देते हैं।

2. फल व सब्जियां

यह प्रकृति का सर्वोत्तम रूप है। फलों एवं सब्जियों का सेवन उनके रंगों को ध्यान में रखकर करें। आपको सभी रंगों के फलों और सब्जियों के चुनाव करना है। प्रत्येक रंग ऐसे किसी-न-किसी विटामिन या मिनिरल का प्रतिनिधित्त्व करता है जो आपके शरीर के लिए आवश्यक है। आपको फलों और सब्जियों के अपने चुनाव को भी विभाजित करना होगा ताकि आपको सर्वाधिक पोषण का लाभ मिल सके।

प्रकृति की अथाह संपदा के साथ एक्सपेरिमेंट कीजिए! आप ताजी सब्जियों का सेवन कर सकते हैं जैसे कि हरा सलाद, या खस्ता सलाद अथवा क्रंची क्रूडाइट्स। आपके पास हरी सब्जियों के सेवन का विकल्प है। याद रखें–सब्जियों को ज्यादा पकाने अथवा उबालने से उनके कीमती विटामिन और मिनिरल नष्ट हो जाते हैं। सब्जियों का सर्वोत्तम आहार, उनका भाप में पकाया गया या हल्का तला हुआ रूप है।

तथ्य परक बातें

भोजन से आयरन के अवशोषण की मात्रा बढ़ाने के लिए नींबू या टमाटर (विटामिन सी) के साथ हरी सब्जियां लें।

प्रोटीन से भरपूर खाद्य पदार्थ : प्रोटीन मांसपेशियों के ऊत्तकों की मरम्मत व रखरखाव करते हैं और शरीर के बिल्डिंग ब्लॉक कहलाते हैं। दालों, डेयरी उत्पादों, अंकुरित अनाज, बीज, मछली, चिकन व अंडों में प्रोटीन की भरपूर मात्रा होती है।

- हर रोज 2 से 3 सर्विंग (पनीर, दही, बटर मिल्क, स्किम्ड मिल्क वैगन, सोया मिल्क या टोफू ले सकते हैं।
- एक सप्ताह में 2 अंडों से ज्यादा की जर्दी न लें। ये कोलस्ट्राल व वसा से भरपूर होते हैं।
- लाल मीट न लें, इसमें भी वसा, कोलस्ट्रॉल व सोडियम की भरपूर मात्रा होती है।

आपके काउंटडाउन को मूंग दाल चाहिए, चाहे वो छिलका हो, धुली हो या फिर साबुत; यह पचाने में आसान होती है।

दूसरी दालें खाने से अफारा हो सकता है व हजम करने में भी मुश्किल होती हैं अतः डाइट प्लान में उन्हें ला न लें।

स्प्राउट से जुड़े फैक्ट : मूंग, मेथी या अल्फा को ही अंकुरित करके लें। ये प्रोटीन व पोषक पदार्थों से भरपूर होने के साथ-साथ हजम करने भी आसान होते हैं। इनमें अमीनो ऐसिड की भी भरपूर मात्रा होती है।

तथ्य परक बातें

अलसी (फलैक्ससीड) में अल्फा-लिनोलेनिक एसिड यानी ओमेगा 3 फैटी सीना की भरपूर मात्रा होती है। रेशे की भरपूर मात्रा पेट को साफ रखने में मदद करती है।

वसा व चीनी : पूरे दिन में 2 छोटे चम्मच से ज्यादा वसा न लें। चीनी व चीनी से बने पदार्थ जैम, सिरप व शहद की मात्रा भी दो चम्मच से ज्यादा न हो।

नोट : वजन घटाते समय ध्यान दें कि पैक फूड के लेबल अवश्य पढ़ें। वसा व चीनी की मात्रा जांच लें। हाई कैलोरी विकल्पों की बजाय चटनी व मसालों से काम चलाएं।

अपने प्लान के हिसाब से सर्विंग एलाउंस लें।

1, 2, 3 फूड ग्रुप से एक-एक विकल्प लेते हुए अपना मेन्यू बनाएं।

डेली फूड गाइड सर्विंग एलाउंस

कप व चम्मच की माप :

1 कटोरी	=	100 मिली = 1/2 कप
1 कप	=	200 मिली. = 2 कटोरी
1 छोटा चम्मच	=	5 मिली.
1 बड़ा चम्मच	=	15 मिली.

'सर्विंग' एक पोर्शन साइज या एलाउंस है जो किसी भी खास खाद्य समूह की मात्रा दर्शाता है।

सीरीयल्स : 1 सर्विंग किसे कहते हैं?

गेहूं, चावल, ज्वार, रागी, दलिया, मक्का आदि अनाज के उदाहरण हैं। यहां 1 सर्विंग का मतलब है :

1 स्लाइस ब्रेड - बड़ा (30 ग्राम)

या

2 फुलके/2 छोटे खाकरे/1 भाकरी (15 ग्राम)

या

1 कटोरी (1/2 कप) तैयार सीरीयल

(कार्नफ्लेक, व्हीटफलेक, मुरमुरा)

या

1 कटोरी (1/2) पका सीरीयल

(चावल/पास्ता/पोहा/उपमा)

या

2 कटोरी (1 कप) मुरमुरा

कुरमुरा

या

2 बिस्कुट क्रीमरहित

कैसे मापें : *मापने वाले कप को इस्तेमाल करते समय सूखी सामग्री डालकर, कप को हल्का-सा हिला लें। कप में सारी सामग्री न ठूंसे, हल्के हाथों से ही भरें।*

फल व सब्जियां : 1 सर्विंग क्या है?

सब्जियां :

1 कटोरी (1/2 कप) आपकी मनपसंद सब्जी

या

1/2 कटोरी (1/2 कप) स्टार्चयुक्त सब्जी

(आलू, शकरकंदी, जैम, केला, जैकफ्रूट)

या

फल

1 कटोरी (1/2 कप) मनपसंद कटे फल

या

1/2 कटोरी (1/4 कप) आम, केला या सीताफल जैसे फल

या

कोई 1 फल (आम, केला या सीताफल के अलावा)

या

1 बड़ा स्लाइस फल (100 से 150 ग्राम)

खरबूजा/पपीता/तरबूज

या

3 पीस मेवे

या

2 बड़े चम्मच मिक्स मेवे

प्रोटीनयुक्त भोजन : 1 सर्विंग क्या है?

दालें/नट्स/सीड्स

1 कटोरी (1/2 कप) पकी मूंग दाल। पका अंकुरित अनाज।

या

1 बड़ा चम्मच मूंगदाल का आटा, बिना पका

या

मर्ची के 5 नट्स

या

2 छोटे चम्मच सीड्स

(सीसम/सनफलावर) फलैक्स)

नोट : आप 15 ग्राम मूंग दाल आटे से 3 ढोकले, 1 पंकी या चीला बना सकते हैं।

एक सर्विंग आपकी दाल आटा -15 ग्राम 1 बड़ा चम्मच- 1/2 कप

डेयरी व सोया उत्पाद

2 कटोरी (1 कप) स्किम्ड मिल्क/सोया मिल्क

या

2 कटोरी (1/2 कप) गाय का दूध/दही

या

2 बड़े चम्मच स्किम्ड मिल्क पाउडर

या

लो-केट पनीर/ फीस चीज़। टोफू (4-4 इंच के क्यूब)
लेन मीट, अंडे, मछली

मछली व शैलफिश

1 मध्यम आकार का मछली का टुकड़ा
या
4 चम्मच आकर के प्रॉन या 8 छोटे अकार के श्रिंप
या
1 मध्यम आकार के क्रैव

अंडे व पोल्ट्री

1 मध्यम आकर का स्किनलैस चिकन ब्रेस्ट/टर्की ब्रेस्ट
या
2 अंडों की सफेदी
या
1/2 अंडा उबला हुआ

(एक मध्यम आकार का टुकड़ा सफेद मीट, 3 गुणा 3 इंच)

वसा व मीठा = आपका एलाउंस क्या है?

वसा

2 छोटे चम्मच (5 मिली/ग्राम) वसा ही ले सकते हैं। इसमें घी, तेल या मक्खन शामिल है। इसे लंच, डिनर व नाश्ते में बांट लें (1/2 +1/2 +1/2 चम्मच)। बाकी बचे 1/2 चम्मच को किसी भी भोजन के अंतराल में ले सकते हैं।

चीनी

दिन के लिए चीनी का कोटा 2 छोटे चम्मच हैं। किसी भी रूप में लें–जैम, शहद, सिरप या चाय-कॉफी में चीनी!

■■■